Sylvia Kolk

Segeln im Sturm

Sylvia Kolk

Segeln im Sturm

*Mit Leidenschaft
den spirituellen Alltag
meistern*

Theseus Verlag

© Theseus Verlag in der
J. Kamphausen Verlag & Distribution GmbH, Bielefeld 2009

Layout/Satz: Ingeburg Zoschke, Berlin
Lektorat: Traudel Reiß
Umschlaggestaltung: Morian & Bayer-Eynck, Coesfeld,
www.mbedesign.de
Umschlagfoto: © ultramarin/www.fotolia.de
Druck & Verarbeitung: Westermann Druck Zwickau GmbH

www.weltinnenraum.de

1. Auflage 2009
Bibliographische Information der Deutschen Nationalbibliothek
Die Deutsche Nationalbibliothek verzeichnet diese Publikation in der
Deutschen Nationalbibliographie; detaillierte bibliographische
Daten sind im Internet unter http://dnb.d-nb.de abrufbar.

ISBN 978-3-89901-215-6

*Dieses Buch wurde auf 100 % Altpapier gedruckt und ist alterungsbeständig.
Weitere Informationen hierzu finden Sie unter* www.weltinnenraum.de

Alle Rechte der Verbreitung, auch durch Funk, Fernsehen
und sonstige Kommunikationsmittel, fotomechanische oder vertonte
Wiedergabe, sowie des auszugsweisen Nachdrucks vorbehalten.

Für meine Eltern
Gertrud und Fritz Kolk,
die mir bedingungslos
ihre Liebe geschenkt haben

Wie ist das klein, womit wir ringen,
was mit uns ringt, wie ist das groß;
ließen wir, ähnlicher den Dingen,
uns *so* vom großen Sturm bezwingen, –
wir würden weit und namenlos.

Rainer Maria Rilke

Inhalt

Einführung	9
Prolog ... es ist die Reise, die am Ende zählt ...	11

I. Rüstzeug für den Perspektivenwechsel

1. Wir werden nicht besser, wir werden freier	23
2. Unvollkommenheit ist menschlich	35
3. Wahrhaftigkeit – furchtlos der Wahrheit zugeneigt	39
4. Frieden durch eine Kultur der Wertschätzung	46
5. Über das Annehmen. Einfache Übung – schwer zu meistern	52
6. Die Sehnsucht nach Vertrauen	58
7. Willenskraft – ganz entspannt am Ball bleiben	69
8. Eine Hommage an die Achtsamkeit	76

II. Schwierige Wegstrecken meistern

9. Die Kunst des Scheiterns	83
10. Eine alte Lehre respektieren und die eigene Kultur nicht verleugnen	97
11. Ansichten über sich selbst zulassen und wieder auflösen	103

12. Schönes schläft im Schatten – vom weisen Umgang
    mit Emotionen 109
13. Wo die Angst ist, da geht's lang 121
14. Die Weisheit des Herzens nicht vergessen 129
15. Mitgefühl – dem Leiden begegnen und die
    innere Kraft bewahren 140
16. Grenzen beim Helfen 147
17. Nach Erreichen des Gipfels kommt der Abstieg 157
18. Integration ist Überwindung 164

Epilog ... und immer (noch) unterwegs 171

Danksagung 179
Literatur 181
Über die Autorin 184

Einführung

Dieses Buch basiert auf Einzelvorträgen, die ich im Laufe meiner nun 15-jährigen Lehrtätigkeit gehalten habe. Um daran zu erinnern, dass wir bei der Interpretation und Umsetzung der buddhistischen Praxis immer auch Grenzgänger zwischen Licht und Dunkel sind, habe ich mich bei der Auswahl für die Vorträge entschieden, die von Missverständnissen auf dem spirituellen Weg handeln. Das Scheitern, überzogene Ansprüche und die ewige Wiederkehr alter Gewohnheitsmuster kommen nicht selten in geschickter Verkleidung daher. Der Aufbau erfolgt logisch, doch ist jedes Kapitel auch in sich abgeschlossen. Manche Aspekte werden mehrfach beleuchtet, aber jeweils aus einem anderen Blickwinkel. Beispiele aus der Praxis, die mir Schülerinnen freundlicherweise zur Verfügung gestellt haben, sind im Buch in einer anderen Schriftart abgesetzt.

Spirituell oder buddhistisch?

Die Erfahrungen und das Studium, die zu diesem Buch geführt haben, sind in der buddhistischen Tradition beheimatet. Der Buddhismus verfügt über viele Schulen und Traditionen. Ich wurde in der Theravada-Tradition belehrt und viele Jahre auf meinem Praxisweg von meiner Lehrerin Ayya Khema begleitet.

Die Anweisungen Buddhas geleiten uns zur Wahrheit. Ihm, der sich vor 2500 Jahren als Königssohn Siddhartha Gotama auf den Weg gemacht hat, innere Freiheit zu suchen, verdankt der

Buddhismus seine Existenz. Alle Menschen, die ihm auf diesem inneren Weg folgen, gehen den buddhistischen Pfad. Die Wahrheit selbst jedoch ist und bleibt frei, und es führen viele Wege zu ihr. Wenn wir das so sehen können, dann finden wir bei unserer Suche nach Freiheit auch zu Toleranz und zu Demut, weil wir uns eingestehen und uns bewusst machen, dass unser Wissen begrenzt ist.

So verneigen wir uns vor allen Menschen, ganz gleich ob oder welcher Religion, spirituellen Gemeinschaft oder Tradition sie angehören. Unsere Wertschätzung und unser Respekt resultieren aus dem Wissen und Erleben, dass wir alle miteinander verbunden sind. Ein Glück, wenn wir in unserer gleichzeitigen Unterschiedlichkeit und individuellen Einzigartigkeit offen und bereit sind, voneinander zu lernen und uns miteinander um Frieden und Freiheit zu bemühen.

Ich verwende den Begriff *spirituell* da, wo ich mich verbunden fühle, und ich spreche von *buddhistisch*, wo es sich explizit um die buddhistische Lehre und ihre Methoden handelt.

Prolog
... es ist die Reise, die am Ende zählt ...

Mir gefällt die Reise-Metapher. Reisen fand ich schon als Kind einfach umwerfend. Obwohl und vielleicht gerade weil Reisen in den 50er Jahren noch etwas Besonderes war. Ein Ausflug ins etwa hundert Kilometer entfernte Trier war bereits ein richtiges Abenteuer. Ich bekam dann so ein Gefühl: Heute passiert etwas Einzigartiges. Und davon war alles erfüllt: die Brote schmieren, die aufgeregte Stimmung meiner Eltern, in den Zug steigen, die Fahrt, der Blick auf die vorbeiziehende Landschaft, das Aussteigen und dann jeder Schritt in einer mir unbekannten Welt. Ich glaube, hier begann meine Leidenschaft fürs Unterwegssein. Selbstverständlich ergriff ich nicht den Beruf einer Bankkauffrau, wie es mein Vater sich so sehnlich gewünscht hatte, sondern ich begann eine Lehre in einem Reisebüro. Jahre später – ich hatte zwischenzeitlich studiert – erfüllte ich mir meinen großen Traum von einer Reise mit offenem Ende und ohne festes Ziel.

Doch ist das Leben selbst – die Strecke zwischen Geburt und Tod – in gewisser Weise eine Reise. Es wundert auch nicht, dass Reise-Metaphern seit Jahrtausenden in vielen spirituellen Traditionen einen festen Platz einnehmen. Es geht um das Unterwegssein, die Pilgerschaft, die schamanische Reise, den *Trip*. Unterwegs waren sie alle, die spirituellen Sucherinnen und Sucher. Parzival ist viele Strecken geritten, Buddha ging zu Fuß, Alice im Wunderland unternahm ihre Erkundungen auf Zwergengröße geschrumpft, Odysseus nahm das Schiff. Die einen auf der Suche nach Freiheit und Sinn, die anderen auf dem Weg zum Glück. Die äußere Reise ist Ausdruck eines inneren Transformationsprozesses.

Das, was uns aus festgefahrenen Bezügen und Gewohnheiten treibt, ist eine heilige Sehnsucht, die uns wach und in Bewegung hält, ausgerichtet auf Wachstum und Freiheit. Die schöpferische Leidenschaft stellt uns die nötigen vitalen Kräfte dafür zur Verfügung, nicht, durch Alltagsroutine ermattet, den inneren Ruf zu überhören oder zu verleugnen. Die Sehnsucht wie auch die Leidenschaft sind Kräfte, die uns sowohl in ihrer reinen als auch verfremdeten Form leiten und verführen können. Sicher werden wir uns auf unserem Weg immer wieder zwischen diesen beiden Möglichkeiten verirren. Täuschung und Ent-Täuschung sind Erfahrungen, die uns weiterreifen lassen, sodass sich unser Blick für das Wesentliche schärft. Ist unsere Suche dem Wesentlichen gewidmet, dann müssen wir uns nicht fürchten, bei unseren Grenzgängen in den Abgründen zu verschwinden. Abgründe, die entstehen, wenn wir um uns selbst kreisen und die spirituelle Orientierung verloren haben.

Die Sehnsucht verbindet uns mit dem, was jetzt bereits da, aber noch nicht möglich ist, und überbrückt so die schmerzhafte Distanz im Hier und Jetzt. Sehnsucht und schöpferische Leidenschaft halten uns auf dem Weg, sodass wir nicht versucht sind, in Identitäten und Rollen, Meinungen und Ansichten zu erstarren. Wir bleiben weiter auf der Suche, das zu verwirklichen, was über die Grenzen unseres Ichs hinausführt und uns an das zurückbindet, aus dem wir hervorgegangen sind. Reisen wandelt uns. Wir lassen zu, dass sich unsere Perspektive verändert. Wir überblicken unterwegs mehr als nur unsere eingeschränkte, persönliche Sichtweise.

Die Risiken einer spirituellen Reise können beträchtlich sein. Deshalb brauchen wir Mut dazu. Vieles uns lieb Gewordene müssen wir hinter uns lassen. Dazu gehören auch all die Gewohnheiten, die uns verharren lassen. Eine spirituelle Reise führt uns auf andere Bewusstseinsebenen, und wir können nicht wissen, wie sich das auf unsere Wahrnehmung auswirken wird. Wir lassen zu, dass wir in unserem Vorhaben aufzubrechen unsicher sind, und wir lassen uns auf unsere Unsicherheiten ein. Dennoch machen wir uns auf den Weg. Unsere Sehnsucht lässt nicht locker, sie treibt uns dazu, aus dem alten Trott auszubrechen.

Wir steuern vielleicht einen bestimmten *Gipfel* an und versprechen uns dort die Freiheit des Abstands und des Überblicks. Manche von uns gehen los, ohne zu wissen, was das Ziel ihrer Reise ist. Einige von uns sagen, dass sie genau wissen, wohin sie wollen. Einigen geht es um Liebe. Wieder andere sagen, sie suchen nach Transzendenz, nach Sinn, nach Freiheit, nach Gott, nach Frieden. Der Ausgangspunkt unserer Reise ist schlichtweg unsere aktuelle Situation. In spiritueller Hinsicht werden wir immer auf den Augenblick verwiesen. Dabei geht es darum, das, was wir aktuell erfahren, zu nutzen. Jede Erfahrung kann zu einem Wegweiser auf unserer Reise werden. Dazu gehört diese Emotion *jetzt*, dieser Gedanke *jetzt*, dieser Atemzug *jetzt*. Wir verwenden die Erfahrungen und erinnern uns immer wieder daran, wie wir bei unserem Reifungs- und Entwicklungsprozess Förderliches stärken können.

Der spirituelle Weg ist ein Transformationsprozess. Das bedeutet, dass uns die Reise mit Sicherheit verändern wird. Wollen wir das nicht, sollten wir zu Hause bleiben. Manche Menschen schauen sich Filme von anderen Ländern an, schön bequem im Sessel sitzend. Dagegen ist nichts einzuwenden, solange sie nicht glauben, dass sie über all das, was sie da gesehen haben, Bescheid wüssten. Wir müssen nicht ins Kloster gehen, um einen umfassenden spirituellen Transformationsprozess zu durchlaufen. Auch für die Menschen in Klöstern gibt es nur das Hier und Jetzt und die eigenen Tendenzen, vor Unangenehmem zu flüchten und nach dem Angenehmen zu greifen. Unsere Situation muss nicht bereits perfekt sein, damit wir uns auf einen spirituellen Befreiungsweg begeben können. Tatsächlich können wir hier und jetzt beginnen. In diesem Augenblick. Können wir uns dazu entschließen, für einen Moment all unsere Konzepte fallen zu lassen? All unsere Urteile darüber, was wir jetzt fühlen, sehen, hören? Können wir einmal so mutig sein, uns diesem Augenblick zu öffnen, als seien wir frisch und unvoreingenommen und staunend?

Jeder Augenblick ist heilig, in jedem Augenblick können wir die Stille erfahren. In jedem Augenblick können wir das Sein berühren, oder wie Krishnamurti es mit wenigen Worte einmal ausdrückte: »Freiheit ist jetzt oder nie.«

Eine Reise in unbekanntes Gebiet

Klar ist also, dass wir die Reise selbst unternehmen müssen – wir können niemanden stellvertretend für uns losschicken. Und gut ist, dass es erstklassige Routenbeschreibungen gibt. Die buddhistische Lehre ist so gesehen eine Landkarte der geistigen Entwicklung, die uns einen Weg zeigt, wenn wir aufbrechen und das Geistestraining beginnen. Ausgangspunkt unserer Reise ist die Sehnsucht und die Suche nach Glück und nach der Freiheit vom Leiden. Wir leiden vor allem emotional und geistig. Weil wir geboren sind, ist es sicher, dass wir auch sterben werden. Auf dem Weg von der Geburt bis zum Tod gilt es, Krankheit und Altern zu bewältigen – falls wir überhaupt ein hohes Alter erreichen.

Ein Großteil unseres Leidens rührt allerdings meist daher, dass wir uns nicht sicher fühlen, dass wir nicht authentisch und nur selten zufrieden sind. Wir sind uns selbst gegenüber die größten Kritiker und finden immer irgendetwas an uns oder an anderen Menschen, das wir nicht akzeptieren können. Dieses Leiden kann vollkommen behoben werden, sagen die buddhistischen Lehren. Aber nicht nur dieses Leiden, sondern jegliches

Leiden kann aufhören. Auch die Angst zu sterben, die sich von Geburt an durch unser Leben zieht.

Vielleicht haben wir gedacht, dass es auf unserem Planeten nichts mehr zu entdecken gäbe. Ja, vor hundert Jahren, da gab es noch das wirkliche Abenteuer, wirkliche Entdeckungen. Jetzt, da selbst der Mond nicht mehr geheimnisvoll ist, was sollte es da noch zu entdecken geben? Das unbekannte Terrain, das es zu entdecken gilt, befindet sich in uns, und wir können in dieses geistig-körperliche Gebiet gelangen. Doch dazu brauchen wir Mut. Warum? Weil unsere gewohnte Art, wahrzunehmen und zu denken, überwunden wird und wir dorthin gelangen, wo eine Sprache gesprochen wird, die sich unserer üblichen Denkstruktur entzieht. Wir haben uns daran gewöhnt, von unserer wertenden, kategorisierenden Denkstruktur bestimmt zu werden. Neben Mut brauchen wir für unsere Reise Vertrauen. Wir werden auf unserer spirituellen Reise keine Eroberer, sondern es geht im Gegenteil um Hingabe, eines Tages sogar um vollkommene Hingabe. Es ist paradox, was sich da ereignet. Wir gehen nicht in die Fremde, sondern kehren aus der Fremde, der Entfremdung von uns selbst, zurück.

Routenbeschreibungen

Fassen wir zusammen: Unser Rüstzeug besteht bisher aus Sehnsucht, Mut, Wachheit, authentischen Wegbeschreibungen und Hingabe. Darüber hinaus brauchen wir auf unserem Weg Entschluss- und Willenskraft. Wie sollten wir sonst aufbrechen können und vor allem auch weitergehen, wenn es steinig wird? Auch Ermutigungen, dass wir es schaffen können, sind hilfreich. Das Ziel ist die innere Freiheit und das Erleben innerer Weite und Offenheit. Das ist die Natur des Geistes, sein Grundzustand. Warum erleben wir den so selten? Weil der Zugang zu unserer Entschluss- und Willenskraft und der damit verbundenen Hingabe blockiert ist. Die größte Blockade ist die Angst. Ob subtil oder stark, ob verdrängt oder unbewusst. Sicher ist, dass wir der Angst auf unserer Reise begegnen werden. Manche von uns machen sich sogar auf, *um* ihr zu begegnen. Wie in dem Märchen der Mensch, der auszog, das Fürchten zu lernen. Mich selbst hat auf meiner eigenen ziellosen Reise nach dem Studium der Satz von Anaïs Nin: »Wo die Angst ist, geht's lang« wie ein Mantra begleitet. Bevor unsere Willenskraft frei wird und sich Hingabe zeigt, brauchen wir eine Übung, mit der wir unserer Angst furchtlos begegnen können. Letztlich, um sie tiefer zu verstehen.

> *»In dem Moment, wo du versuchst, dich von der Angst zu befreien, erzeugst du Widerstand gegenüber der Angst. Widerstand in jeglicher Form bringt die Angst nicht zum Verschwinden. Was vielmehr vonnöten ist – anstatt wegzulaufen, zu kontrollieren, zu verdrängen oder irgendeine andere Form von Widerstand zu zeigen –, ist, die Angst zu verstehen. Das bedeutet, sie zu beobachten. Etwas über sie zu lernen.«*
> KRISHNAMURTI in: Fronsdal/van House 2002, Seite 97

Wir verdrängen nichts und halten an nichts fest. Wie soll das aber gehen, wenn wir uns existenziell verunsichert fühlen, der Zweifel sich meldet und sagt: »Du kannst das nicht, du wirst das niemals schaffen«? Wie können wir diese Ängste und Widerstände integrieren? Buddhistische Praxis bedeutet in diesem Fall, erst einmal eine Rast einzulegen. Auch Einkehr gehört zur Reise. Wenn wir vor einem großen Felsbrocken stehen und die innere Stimme sagt: »Du schaffst das nicht, ihn zu überwinden«, dann setzen wir uns erst einmal hin und sammeln uns.

Meditation als zentrale Methode

Die zentrale Methode, die uns zu anderen Bewusstseinszuständen führen kann, ist in der buddhistischen Praxis die Meditation. Wir sitzen also vor diesem großen Felsbrocken, der Angst heißt, und betrachten ihn. Durch Beobachtung nehmen wir alles wahr, was geschieht. Zum Beispiel, wie wir ärgerlich werden und denken: »Du blöder Felsen, warum legst du dich mir in die Quere?« Oder uns selbst bemitleiden: »Immer liegen bei mir die größten Brocken, die einem den Weg versperren.« Und nicht zuletzt der Selbstzweifel: »Nein, ich bin zu schwach. Ich kann dieses Hindernis niemals überwinden.« Was sich auch immer zeigt, wir halten inne und lenken unsere Aufmerksamkeit erst einmal auf den Atem. Wir sind mit wacher Bewusstheit beim Atem und erkennen, dass nicht der Felsbrocken die Blockade ist, sondern sich diese im eigenen Herzen befindet. Es ist der Widerstand gegen diese Schwierigkeit, wie sie nun einmal vor uns liegt.

Im nächsten Schritt erkennen wir: Da ist ein großer Felsbrocken und ein Mensch mit ungeübten Muskeln. Wir sind entschlossen, diesen Felsen zu überwinden, und trainieren unsere Muskeln, indem wir mit kleinen Ängsten und Widerständen üben. Dabei kann es sogar vorkommen, dass wir uns verletzen, weil wir unerfahren sind. Dann brauchen wir Mitgefühl für uns selbst. Das führt uns zur Erkenntnis, wie wichtig es ist, sanft zu üben. Mit zunehmender Praxis erkennen wir, wie die Dinge miteinander verbunden sind und wie die Sinneseindrücke, das heißt alles, was wir sehen, riechen, hören, schmecken, ertasten, unsere Gedanken und Emotionen bestimmen.

Meditation führt zur Ruhe, so heißt es. Was geschieht aber tatsächlich, wenn wir meditieren? Häufig erleben wir das Gegenteil von Ruhe: Unsere Gedanken finden kein Ende, unsere Emotionen bedrängen uns, wir werden traurig, sind gelangweilt oder müde oder haben uns in Zweifeln verloren. Anstatt der

Stille erfahren wir erst einmal all das, was die Stille ausfüllt. Natürlich ist die Stille immer da, doch es ist gleichzeitig so laut in uns, dass wir nicht zu ihr durchdringen. Es ist wie in einem Zimmer voller Gegenstände. Wir sind so fasziniert von all den Dingen, dass wir nicht mehr erkennen können, dass es ein leerer Raum ist, in dem sich eben jene Dinge befinden. So ist es mit der Stille in uns, die übertönt wird. Wenn uns Gedanken oder Emotionen in der Meditation davontragen, kehren wir immer wieder zum Atem zurück, dem Anker, der uns mit dem gegenwärtigen Augenblick verbindet. Dann können wir Sicherheit erfahren, weil ein achtsamer Geist gegenwärtig bleibt – von Augenblick zu Augenblick.

Entspannt gegenwärtig sein und doch nie richtungslos – ein Paradox

Wir lassen uns auf unserer Reise weder von einem Felsbrocken noch von einem Sturm aufhalten, im Gegenteil, wir nehmen es mit allen Herausforderungen leidenschaftlich auf. Wie sich solche Herausforderungen im Alltag zeigen können, beschreibt eine Schülerin:

> »›Du musst loslassen.‹ Mir droht der Verlust meiner geliebten Arbeitsstelle, als dieser Satz mich sozusagen mitten ins Herz trifft. Im Festhalten bin ich nämlich Profi. Die Angst vor Verlust ist geprägt durch den Tod geliebter Menschen sowie Situationen, in denen ich mich machtlos gefühlt habe. Ich traue mir noch eine einschneidende Veränderung nicht zu. ›Du musst loslassen!‹ Muss ich wirklich? Theoretisch bin ich als langjährige praktizierende Buddhistin längst mit der Vergänglichkeit vertraut. Aber praktisch halte ich so sehr fest, dass ich massiv psychisch und physisch krank werde. Erst in dieser entscheidenden Umbruchsituation beginne ich wirklich, dem spirituellen Weg

als dem für mich wegweisenden Pfad zu vertrauen und mich für das, was ist, zu öffnen. Und überraschenderweise ist neben dem Schmerz auch ein erster Geschmack von Freiheit zu spüren. So geht es Schritt für Schritt über Monate hinweg, ein Weg mit Schmerz, Wut, Trauer und Freude. Aber statt – wie gewohnt – Emotionen wegzudrücken, lasse ich sie dieses Mal zu. Somit wird die Aussage ›Du musst loslassen‹ nicht nur zu einem Prozess, an dessen Ende ich eine geliebte Arbeitsstelle loslasse, sondern in dem ich auch alte Gedankenmuster und Glaubenssätze erkennen und auflösen kann. Damit kann ich meinem Inneren immer besser vertrauen – erlebe Selbstvertrauen. ›Du musst loslassen‹ ist für mich, entgegen allen Ängsten und Erwartungen, zu einer Quelle innerer Freiheit geworden, wohl wissend, dass es ein täglicher Prozess bleiben wird und das Festhalten immer wieder eine verlockende Alternative zu sein scheint.«

Liegt eine Schwierigkeit hinter uns, erfahren wir mehr Selbstvertrauen und wieder Freude daran, unterwegs zu sein. Trotzdem verlieren wir die Richtung nicht aus den Augen. Jeden Tag brechen wir in eine bestimmte Richtung auf, sonst würden wir orientierungslos herumirren. Gleichzeitig sind wir vollkommen gegenwärtig. Dieser gegenwärtige Schritt ist das, was im Moment existiert. Das ist die Kunst: entspannt gegenwärtig und doch nie richtungslos sein. Dabei ist die Fähigkeit, das Heilsame vom Unheilsamen unterscheiden zu können, existenziell. Heilsam ist das, was an geistigen Reaktionen zu Liebe, Mitgefühl und Weisheit führt, und unheilsam das, was Ablehnung, Begehren und Verblendung schürt. Achtsamkeit bildet die Grundlage für diesen weisen Unterscheidungsprozess, den wir im Alltag unzählige Male durchführen werden, bis wir eines Tages spontan adäquate Entscheidungen treffen können, wenn sie von uns gefordert werden.

Weiterhin zählt zu den Reisevorbereitungen: ein Zugang zum eigenen Herzen, zur inneren Stimme, der wir vertrauen können. Und nicht zuletzt erinnern wir uns daran, wie wertvoll Reisegefährten sind. Frodo Beutlin hatte seine Gefährten, Alexandra David-Néel wurde von Yongden begleitet, der Buddha hatte den treuen Ananda an seiner Seite, Winnetou verband sich mit Old Shatterhand. Wir brauchen die anderen, um uns gegenseitig zu begleiten, zu ermutigen und zu inspirieren. Im Folgenden beschreibt eine Schülerin, wie wichtig es ist, auf dem Weg nicht allein zu sein:

»... und Stan Laurel ging mit Oliver Hardy durch dick und dünn. Ja, es hat schon eine gewisse Komik, wie wir uns auf dem Weg so mächtig anstrengen. Und deshalb oft auf die Nase fallen, wie die Stummfilmstars. Aber weil wir nicht allein sind, ist das weniger schlimm – beim Aufrappeln trösten wir einander. ›Ich war wieder so unkonzentriert‹, vertraute ich meiner Freundin mit schlechtem Gewissen an. ›Das ganze Retreat über habe ich meine Geburtstagsparty geplant.‹ ›Und ich habe die ganze Zeit überlegt, ob ich endlich den alten Eichenschrank verkaufen soll‹, entgegnete sie. Wir schauten uns an und lachten.«

I.

Rüstzeug für den Perspektivenwechsel

1.
Wir werden nicht besser, wir werden freier

Es ist kein Geheimnis: Die spannendsten und zugleich befreiendsten Momente spiritueller Praxis sind jene, in denen uns deutlich bewusst wird, dass wir wieder einmal vollkommen selbstgewiss einem Irrlicht gefolgt sind. Über viele Jahre entdecken wir mit der buddhistischen Praxis kontinuierlich unsere Irrtümer. Wir können auch sagen, wir entwickeln uns beständig aus engen und begrenzten Perspektiven heraus dahin, unterschiedliche und umfassende Sichtweisen zuzulassen und einzunehmen. (Vergleiche: Trungpa 1989)

Warum sind Irrtümer und Fehlinterpretationen so gewiss? Machen wir uns einmal klar, mit welcher geistigen Prägung und Haltung wir uns auf den spirituellen Weg begeben. Wir nehmen das gesamte Lehrgebäude mit unserem christlich-abendländisch geprägten Bewusstsein auf. Das heißt, wir *interpretieren* das Gelesene, Gehörte und Erfahrene aufgrund unserer kulturellen Zugehörigkeit, und wir erkennen und nehmen vorwiegend wahr, indem unser Bewusstsein alles in Teile zerlegt und voneinander trennt. Aufgrund dieser analytischen Wahrnehmung entstehen Konzepte, nach denen wir glauben, dass wir durch Spiritualität bessere Menschen werden. Wir hoffen auf besondere Erlebnisse in der Meditation, und wir wünschen uns eine neue Identität. Und die ist schnell erzeugt: Wir sind nun Buddhisten, Tara-Freundinnen, spirituelle Frauen und Männer. Auf einen Nenner gebracht: Wir wollen mit der spirituellen Praxis etwas dazugewinnen. Vielleicht sagen wir: »Ich sollte liebevoller sein« oder: »Ich brauche mehr Selbstvertrauen« oder: »Ich möchte geduldiger sein« oder: »Ich wünsche mir mehr Geborgenheit.« Es geht nicht darum, diese Gedanken zu bewerten, sondern diese Erwartungen, Wünsche und Vorstellungen lediglich bewusst wahrzunehmen. Was geschieht, wenn wir, nachdem uns unsere Motive bewusst geworden sind, jetzt lesen, dass wir nichts dazugewinnen werden? Statt etwas zu bekommen, werden wir loslassen, auch unsere Vorstellungen und Erwartungen hinsichtlich gewisser Erfolge als Resultat unserer spirituellen Übung. Das bedeutet, wir räumen aus und nicht ein.

Ich werde gelassener durch die Meditation. Das ist doch ein Gewinn, beharren wir. Das stimmt. Gleichmut ist ein Resultat der Praxis und stellt sich ein, wenn wir die Erwartung loslassen, gelassen sein zu müssen. Diesen Willen und diese Vorstellung von Machbarkeit gilt es aufzugeben. Dann ist das, was bleibt, ein Geisteszustand, der wahrnimmt, was *ist*. Gelassenheit ist in dieser Wahrnehmung enthalten. Es handelt sich also um eine geringfügige mentale Verschiebung, die entscheidet, ob wir uns auf dem Befreiungsweg befinden oder unsere persönlich gefärbten Ansichten festigen. Hier beschreibt eine Schülerin, wie sie durch das Zulassen und Anerkennen ihres Ärgers den Zwang, immer gute Laune haben zu müssen, auflösen kann:

> »Im Jazzclub ist es voll. Ich quetsche mich auf die Bank und bitte meine Sitznachbarin, ein Stück zu rücken. Sie will keinen Zentimeter preisgeben. Eine Debatte entspinnt sich, ich spitze meine Wortpfeile zu und präpariere sie schön giftig. Doch mit dem Ärger spüre ich auch die Scham, die in mir hochsteigt. Kann ich nicht einmal loslassen und nachgeben, noch nicht mal am letzten Abend des Jahres? Offensichtlich nicht. Mit der Erkenntnis löst sich der emotionale Krampf, mir wird leicht ums Herz. Der ›Ich-müsste-gute-Laune-haben‹-Zwang ist weg. Jetzt kann Silvester beginnen.«

Unser Alltagsbewusstsein bewegt sich zwischen den beiden Polen von richtig und falsch hin und her. Phasen der Bestätigung werden als angenehm erfahren: Die Meditation läuft gut, wir sind achtsam, finden zur Ruhe, erleben ein besonderes Retreat mit tiefen Einsichten, sind begeistert von unserer Lehrerin und so weiter. Allerdings verbringen wir zu einem großen Teil unsere Lebenszeit auf der anderen Seite des Pols unseres Alltagsbewusstseins. Da kritisieren wir und sind unzufrieden mit uns, was sich dann so anhört: »Ich kann überhaupt nicht meditieren, ständig muss ich denken« oder: »Ich bin überhaupt nicht fähig, zur Ruhe zu kommen.« Oder wir verstricken uns mit anderen Menschen: »Meine Lehrerin inspiriert mich nicht mehr. Sie entspricht nicht mehr meinen Vorstellungen von einem verwirklichten Menschen, sie ist zu streng und isst zu viel.«

Es ist eine bestimmte Denkstruktur, die uns Orientierung gibt und sich auf diese Art zeigt. Ich habe sie *Alltagsbewusstsein* genannt. Diese Denkstruktur bestimmt unseren Geist und begrenzt vor allem unser Bewusstsein. Aber damit können wir die Wirklichkeit weder frei noch friedvoll erfassen, denn sie drückt sich durch unseren Zwang zu bewerten – richtig-falsch, cool-uncool, besser-schlechter – und zu kontrollieren aus. Darüber hinaus ist diese Art zu denken auch mit der Vorstellung und dem Gefühl eines getrennten Selbst und dem Festhalten daran verbunden. Besser zu sein bedeutet auf dieser Ebene, etwas oder jemand anderes ist schlechter als wir. Das, was als schlechter bewertet wird, betrachten wir als abgespalten von uns. Es hat nichts mit uns zu tun, und deshalb wollen wir das ausgrenzen. Es darf keinen Einfluss mehr auf uns ausüben. Im dualistischen Gegensatz bleibt nur die Möglichkeit, das, was als *anders* oder *fremd* oder *falsch* oder *schlechter* angesehen wird, entweder zu ignorieren oder zu bekämpfen.

»Zwei Seelen schlagen, ach, in meiner Brust.« Wie können wir mit diesen unterschiedlichen Seelen-Kräften umgehen? Wie können wir diese Zerrissenheit zwischen Gut und Böse, zwischen Besser und Schlechter zum Ausgangspunkt unserer Praxis machen? Meistens gehen wir so vor, dass wir die *bösen Anteile* so schnell wie möglich vernichten und der *guten Seite* zum Sieg verhelfen wollen. Das Gute und Bessere soll also über das Böse siegen. Das kann jedoch nicht die Antwort sein, wenn Frieden und Freiheit unser Ziel sind. Dieser Ansatz fordert uns nämlich zu einem Vernichtungskampf auf, und so haben wir im Grunde schon verloren, bevor wir auch nur an die Peripherie der dem Menschen möglichen Freiheit und Verantwortung gelangt sind. Was von den Philosophen Transzendenz, von den Buddhisten Nirvana und von monotheistischen Religionen Gott genannt wird, rückt auf die Art in weite Ferne.

In dieser Sackgasse können wir umkehren, wenn wir erkennen, dass nicht eine der beiden Seiten über die andere siegen muss. »Wir müssen nicht dafür kämpfen, frei zu sein – schon das Fehlen dieses Bemühens bedeutet in sich selbst Freiheit«, sagt Chögyam Trungpa. Bevor wir jedoch Freiheit erfahren, werden wir unzählige Kämpfe erleiden und durchleben, wie Parzival auf dem Weg zum heiligen Gral. Sowohl im östlichen als auch im westlichen Kulturkreis sind sich die weisen Menschen und Philosophen einig: Freiheit erfahren wir, wenn wir nicht mehr unbewusst dem Bewusstsein verhaftet sind, das spaltet und trennt. Und das wiederum ist nur möglich, wenn wir es integrieren, anstatt es zu ignorieren oder zu vernichten. Das setzt voraus, dass wir erkannt haben, was wir integrieren wollen.

Erinnern wir uns: Wir erkennen diese Denkstruktur zum Beispiel da, wo wir uns mit dem ständigen *Müssen* und *Sollen* unter Druck setzen und darunter leiden. Und auch da, wo wir hierarchisch denken, vergleichen, bewerten, kontrollieren und ausgrenzen, ist diese Struktur am Werk. Meist sind wir uns jedoch nicht bewusst, wie wir zu unseren Gedankenmustern kommen. Der entscheidende erste Schritt in die Freiheit ist daher, sich der eigenen Gedankenmuster bewusst zu werden, ohne sich dieser Struktur zu unterwerfen. Auf die Art beginnen wir, die dualistische Denk- und Bewusstseinsstruktur zu integrieren. Bestehen wir allerdings darauf, besser werden zu wollen, und ist uns nicht bewusst, dass wir damit auf der Ebene, die wir transformieren möchten, feststecken, dann verfangen wir uns in der Bewertung und im Kampf gegen das, was wir bei uns ablehnen, zum Beispiel die Trägheit, den Zweifel und andere schwierige Emotionen.

Wir nehmen die Buddhalehre vorwiegend mit unserem Verstand auf. Zum Beispiel lesen wir von der Möglichkeit, angstfrei zu sterben und damit auch angstfrei zu leben. Oder wir vertiefen uns in die Karmalehre und begreifen, dass wir als Mensch per se in einer Verantwortung stehen hinsichtlich dessen, wie die Welt aussieht. Wir hören von einem Geist, der loslassen kann, von einem Menschen, der in Gleichmut ruht und immer das Rechte weiß und zur passenden Zeit auch tut. Mit Enthusiasmus beginnen wir zu praktizieren und erlernen die Meditation. Wir schauen nach innen und erleben Momente des Glücks, des Friedens und tiefer Einsicht. Das ist wunderbar. Deshalb wollen wir, dass sich das in uns etabliert und kontinuierlich wächst. Aber dann, eines Tages, blicken wir in uns hinein und erkennen etwas völlig anderes. Statt friedlich und glücklich fühlen wir uns starr, getrennt und sind voller Unruhe. Das verunsichert uns. Was läuft da falsch und was ist zu tun? Wir befinden uns doch auf dem Pfad kontinuierlichen spirituellen Wachstums. Oder doch nicht? Der Verstand sucht nach Erklärungen. Das hilft uns jedoch nicht, in die anfänglich erlebten Ruhe- oder Glückszustände zurückzufinden. Sie waren lediglich ein Auftakt. Zu diesem Zeitpunkt ist es wichtig, dass wir mit Achtsamkeit unsere Widerstände erkennen und erforschen.

Dabei können wir schnell an Grenzen kommen. Übernehmen wir zum Beispiel die traditionellen Anweisungen der buddhistischen Ethik unreflektiert und setzen uns damit moralisch unter Druck, können damit unsere neurotischen Strukturen aktiviert werden, sodass wir manipulieren oder rigide werden. Dann geschieht genau das Gegenteil dessen, was wir angestrebt haben. Das sieht dann so aus, dass wir aus den buddhistischen Richtlinien für eine lebensnahe Moral enge Regeln machen: »Ich darf nicht mehr ...«, »ich sollte ...«, »ich muss ...«, heißt es dann. Halten wir die selbst auferlegten strengen Regeln nicht ein, fühlen wir uns schuldig und verheimlichen vielleicht unsere Übertretungen vor anderen. Wenn die Ziele unseres spirituellen Weges in uns idealistische Vorstellungen erwecken, dann besteht die Gefahr, dass sich die Ideale verselbstständigen. Das bedeutet, wir verdrängen, verleugnen und unterdrücken all das, was nicht diesen Idealen entspricht. Damit sitzen wir in der Falle. In Wahrheit gilt es, all das zu integrieren, was wir am liebsten ausgrenzen, abwerten oder abspalten möchten. Zu praktizieren bedeutet, ehrlich mit sich zu sein, was wir in jedem Moment sein können. Wir können sofort damit anfangen. Dadurch sind wir unserem Ziel und dem Ideal näher, als wir denken.

Es ist für uns außerordentlich schwer, wahrzunehmen und zu akzeptieren, dass wir irren können und werden. Denn wir nehmen alles, was uns widerfährt, sehr persönlich. Uns zu irren ist mit dieser Umklammerung durch persönliche Meinungen, Ansichten und Erfahrungen kränkend. Das bereitet uns unangenehme Gefühle, indem wir uns zum Beispiel verunsichert oder irritiert fühlen. Je stärker wir an einem Selbst festhalten, desto tiefer ist die Kränkung, wenn uns etwas misslingt. Es fällt uns dann schwer, uns zu distanzieren und zu erkennen, dass wir uns in unserer subjektiven Wahrnehmung immer wieder irren werden. Wenn wir alles Geschehen einseitig auf uns selbst beziehen, sind wir in unserer Erkenntnisfähigkeit eingeschränkt. Sind wir davon überzeugt, dass wir endlich einen Standpunkt gefunden haben, von dem aus wir nicht mehr in die Irre gehen können, dann sind wir auf dem besten Weg, unsere Entwicklung zu begrenzen.

Bei manchen Praktizierenden wird in dieser Phase des spirituellen Entwicklungsprozesses der innere Beobachter nicht selten zum Wachhund. Der sanfte Weg des reinen Gewahrseins wird zur Entlarvungspraxis: »Nie habe ich so viel gedacht, bevor ich mit der Meditation begonnen habe«, »Ich habe seitdem auch viel mehr Schmerzen«, »Nie war ich wütend, jetzt bin ich häufig aggressiv«, »Ich wusste nicht, wie schlimm es um mich steht«, so und ähnlich schelten wir uns und bekommen Zweifel an der Wirksamkeit der Übung. Als Ergebnis davon leiden wir noch mehr. Die Kehrseite der Medaille ist, dass wir unsere Erfahrung ebenso begrenzen, wenn wir glauben, dass wir etwas ganz Besonderes erlebt haben. Vielleicht haben wir eine tiefe Meditation erfahren und uns verbunden gefühlt, oder wir haben Einssein und umfassende Liebe erlebt. Und schon sind wir fixiert, weil wir das Erlebte unbedingt wiederholen möchten. Trifft das nicht ein, dann haben wir das Gefühl, versagt zu haben, und leiden. Im Folgenden eine Beschreibung dieses Prozesses von einer Teilnehmerin eines Meditationskurses:

»Die Zeit und die Tage des Meditationskurses flossen dahin mit Sitzen-Gehen-Sitzen-Gehen … Einatmen-Ausatmen … Und dann erfuhr ich etwas anderes: ein feines Kribbeln und Rieseln im ganzen Körper. Ein paar Minuten lang. Dann kam der Gong. Frühstück. Ich saß da, ganz verzückt und mit den vielen Gedanken: ›Jetzt habe ich es geschafft, endlich der Durchbruch. … Ach, sind die alle toll hier, ich liebe alle Menschen.‹ … Nach dem Frühstück machte ich einen kurzen entspannenden Spaziergang. Ich wusste, dass ich dieses schöne Erlebnis nicht festhalten darf – und dann ging ich schnell wieder auf mein Meditationskissen. Ich bemerkte unzählige Gedanken: ›… nur nicht dran denken. Wenn ich nicht dran denke, kommt es bestimmt wieder … Nicht dran denken, ganz entspannt loslassen … ganz entspannt auf der Lauer liegen … ein-aus-ein-aus …‹ Nach einigen Stunden, inzwischen hatte ich Kopfschmerzen, tauchte da ein bisschen was auf, erst leicht, dann stärker: Es rieselte wieder ein wenig, allerdings hatte sich der feine Sand des ersten Erlebnisses in kleine Kieselsteine verwandelt. Es war nicht wirklich schön, es tat allerdings auch nicht weh.«

Immer wieder hören wir die Anweisung: Es geht nicht um besondere Erlebnisse auf dem spirituellen Weg, sondern darum, klar zu sehen, was flüchtig ist, und zu erkennen, dass wir leiden, wenn wir im Flüchtigen unser Glück suchen. Freiheit bedeutet, mitzufließen und zu erleben, dass wir mit allem verbunden sind.

Auf der Suche und mittendrin ...

Wenn es darum geht, die Lehren zu unserem Vorteil zu nutzen und auszulegen, ist unser Geist außerordentlich trickreich. Es ist faszinierend, diesen Mechanismus eines Tages aufzudecken. Für mich war es der Auftakt, endlich in der spirituellen Praxis angekommen zu sein und mich darin sicher zu fühlen. Einfach aufgrund des Wissens, dass Irrungen unmittelbar, ja essenziell zum spirituellen Befreiungsprozess dazugehören. Um sie wahrzunehmen und zu integrieren, brauchen wir ein offenes Herz, Konzentration, Humor und durchdringende (Selbst-)Reflexion. Das heißt, durch das Scheitern hindurchzugehen, die Verirrung zu erkennen und zu sagen: »Es ist in Ordnung!« Mit reinem Gewahrsein können wir allen Tricks, Fixierungen und Verwirrungen begegnen. In unserer Identifikation mit und Anhaftung an allem, was geschieht, reden wir uns immer wieder heraus – das Gewahrsein nimmt an, was ist. Wir setzen uns Masken auf – das Gewahrsein schaut bis auf den Grund. Wir reagieren gekränkt – das Gewahrsein liebt. Das reine Gewahrsein ist der Bewusstseinszustand, der uns in die Lage versetzt, unvoreingenommen wahrnehmen sowie unterschiedliche Perspektiven einnehmen zu können und nicht vorschnell urteilen zu müssen.

Die transformierende Kraft der Achtsamkeit bringt dieses reine Gewahrsein hervor. Bringen wir immer wieder Achtsamkeit oder reines Gewahrsein auf, dann kommt uns eines Tages zu Bewusstsein, dass Integration bei diesem Wandlungsprozess ein entscheidender Faktor ist. Integration überwindet genau das, vor dem wir uns fürchten und was wir ablehnen.

Wie können wir die bisherigen Ausführungen auf uns übertragen und daraus lernen? Dazu beginnen wir mit einer Selbstreflexion zu folgenden Fragen:

- Wovon habe ich mich im Kontext meiner spirituellen Praxis befreit?
- Was ist leichter geworden?
- Was ist an Stress hinzugekommen?
- Welche Erwartungen sind entstanden?

Immer wieder werden wir uns nach einer Ordnung sehnen, die wir gerade nicht haben, nach Zeit, die uns nicht zur Verfügung steht, nach einer Disziplin, die wir nicht aufbringen können, nach einem Idealgewicht, das wir nie haben werden. Die Folge davon ist: Wir lehnen uns ab, sind unachtsam, undiszipliniert, chaotisch, zerstreut, launisch oder depressiv. Können wir unser eigenes Leiden anschauen? Können wir uns von dem, was wir ausgrenzen, berühren lassen? Integration bedeutet, dass wir unsere Reaktionen kennen lernen, vor allem auch die in Gestalt von Verunsicherung, Angst, Ekel, Scham, Schuld, Angewidertsein, Flüchtenwollen. Sich berühren lassen bedeutet, mit diesen Gefühlen respektvoll Kontakt aufzunehmen. Vielleicht können wir sogar Mitgefühl für uns aufbringen. Eine Schülerin beschreibt hier eine konkrete Situation, in der sie ihre unangenehmen Gefühle integriert hat:

»Der IC von Ulm nach Köln ist vollgestopft mit Menschen, die lautstark telefonieren, essen und krümeln, Musik hören – und schwitzen. Ekelhaft. Und diese Luft. Die Klimaanlage kapituliert; ich auch und flüchte mich entnervt in den Speisewagen. Bei der Rückkehr nach einer Stunde sehe ich: Einige Figuren sind ausgewechselt, doch die Szene ist unverändert – wie in einem Theaterstück. Ja, ich gehöre dazu und will meine Rolle gut spielen. Etwas in mir gibt nach, und ich lasse mich auf meinem Sitz nieder. Bevor ich ganz in meinem Buch versinke, fange ich noch das Lächeln meiner Sitznachbarin auf. Eigentlich ganz gemütlich hier ...«

Spirituelle Praxis ist ein sehr persönlicher Prozess, bei dem wir eine wirkliche Beziehung zu uns selbst aufnehmen. Was wir auf dem Weg erleben, können wir als Prozess ansehen, der sich in Phasen immer wieder neu vollzieht:

- Zu Beginn sind wir begeistert von der Praxis, weil wir erleben, dass wir loslassen können und eine neue innere Weite erfahren.
- Darauf folgen Erwartungen und Idealisierungen. Wir wollen, dass es so weitergeht und wir kontinuierlich ruhiger, mitfühlender und gelassener werden.
- Dann werden wir enttäuscht, weil das so nicht eintrifft, und wir beginnen, an uns selbst zu zweifeln.
- Des Weiteren zweifeln wir an der Lehre und Praxis, vielleicht auch am Lehrer oder an der Lehrerin, wir reagieren mit Ablehnung und einer kritischen Distanzierung.
- Die Blockaden werden stärker, und wir treten auf der Stelle, bis wir in einem weiteren Schritt diese Fixierungen wahrnehmen, annehmen und geistig durchdringen. Die Grundlage dafür bilden die Achtsamkeit und das reine Gewahrsein. Wir befinden uns inmitten unseres Befreiungs- und Integrationsprozesses. Häufig entsteht an diesem Punkt das Bedürfnis,

sich weitere Perspektiven zu eröffnen, was durch Literatur oder auch durch eine Psychotherapie erfolgen kann.

Diese Phasen durchlaufen wir spiralförmig, das heißt, wir kommen immer wieder am Ausgangspunkt vorbei und können prüfen, was wir gelernt haben. Es ist hilfreich, wenn wir unsere innere Entwicklung im Kontext eines solchen Prozesses betrachten können. Jede Runde will neu erfahren und durchlebt werden. Der Prozess ist so allgemein gültig, wie er individuell verschieden ist. Ebenso wie in einem Garten alle Pflanzen entstehen, wachsen und vergehen, wächst, reift und vergeht jede einzelne Pflanze auf ihre jeweils einzigartige Weise. Wir brauchen oft Jahre, um zu begreifen, was es bedeutet, Übende zu sein.

Wenn wir beharrlich praktizieren, reflektieren und unsere Erfahrungen im Kontext unserer Persönlichkeitsentwicklung und vor dem Hintergrund unserer europäischen Kultur betrachten, dann erleben wir die befreiende Wirkung und erkennen, dass wir nicht besser, sondern freier werden. Eine Schülerin beschreibt ihre Erfahrungen so:

»In den vergangenen Tagen hatte ich *Gäste*, die mir gar nicht so lieb waren: Gefühle der Hilflosigkeit, Antriebslosigkeit, Wut, Scham, Ungeduld. Ich war sehr niedergeschlagen. Wie konnte es sein, dass ich immer noch in solche Zustände kam? Nach dem letzten Retreat war ich so voller Zuversicht gewesen. Was war falsch gelaufen? Hätte ich mir in der vergangenen Woche mehr Zeit für das Meditieren nehmen sollen? Oder lag es vielleicht daran, dass ich über die Wutausbrüche im Umgang mit meinem Kind, die mich mit großer Scham erfüllen, noch nie gesprochen hatte? Inmitten meiner Misere wurde ich von einem Anflug von Heiterkeit überrascht. Ich hatte alle diese Leid verursachenden Zustände so schnell wie möglich überwinden und ein liebevollerer Mensch werden wollen. Hatte ich mir doch ehrlich eingebildet, durch Bereitschaft zu Authentizität und Disziplin von nun an stetig gelassener, friedlicher, weiser zu werden. Und für einen Moment kann ich über meine Bemühungen, besser zu werden, lächeln. Genau das empfinde ich nun als Befreiung: schlicht zu akzeptieren, dass ich bis zum Lebensende auch mit den ungeliebten Gästen zu tun haben werde.«

♡ Guestroom for the uninvited guests

2.
Unvollkommenheit ist menschlich

Irgendetwas muss uns aufrütteln, damit wir aus unserer Bequemlichkeit ausbrechen. Der Mensch hat die Möglichkeit, sich selbst zu erkennen. Ein Paradigma, das historisch in dem Augenblick in Erscheinung tritt, als das menschliche Bewusstsein beginnt, ein Ich zu entwickeln. Und damit beginnt der Mensch auch bewusst zu leiden und Schmerz zu erfahren. Das ist der Preis für sein sich noch zart herausbildendes Selbstbewusstsein. In Sapphos Gesängen finden wir diesen Bewusstseinssprung vom »wir sind« zum »ich bin«. In ihren Liedern berichtet sie davon, dass sie leidet. Sie ruft dieses Leiden aus und ist sich dessen bewusst. In diesem Bewusstsein sind wir verankert und stehen heute in der Verantwortung für unser Denken, Erkennen und Handeln. Sartre formuliert es weniger zurückhaltend, indem er sagt, dass der Mensch zur Verantwortung *verdammt* sei.

Seit der Geburt des Ich-Bewusstseins haben wir es auch mit der machtvollen Erscheinung des Ideals zu tun. Die Ideenwelt Platons verführt zur Sehnsucht nach Vollkommenheit. Von da an ist der abendländische Mensch auf der Suche nach der Verwirklichung dieser Vollkommenheit. Und wir finden sie im goldenen Schnitt, in der Musik eines Mozart oder Bach, in den Gedichten eines Rilke. All das wurde jeweils von einem Menschen in Momenten künstlerischen Schaffens entdeckt oder erwirkt. Die Frage ist, ob er sich selbst so vollkommen gefühlt hat wie das, was das jeweilige Werk bei uns auslöst. Vielleicht ist es eine menschlich mögliche Annäherung an das Vollkommene. Aber absurd wird es, wenn wir daraus ableiten, dass wir selbst in einen bleibenden Zustand hineingeraten könnten, in dem wir absolut perfekt und vollkommen sind.

Was bedeutet das alles für unsere Sehnsucht nach Entwicklung? Vielleicht geht es genau darum – nämlich weniger um Vollkommenheit als um Entwicklung. Und dann stellt sich die Frage: Wie können wir mit dem Unvollkommenen leben und uns in der Auseinandersetzung mit dem Ideal entwickeln? Nach der Buddhalehre gibt es für unser Verhalten sechs Wurzeln: drei heilsame und drei unheilsame. Das ist erst einmal eine Pattsituation. Die heilsamen Wurzeln sind Liebe, Großzügigkeit und Weisheit, und die unheilsamen Wurzeln sind Hass, Gier und Verblendung. Die einzelnen Wurzeln sind bei jedem Menschen unterschiedlich stark ausgeprägt. In der buddhistischen Praxis müssen wir durch Selbsterforschung die unheilsamen Wurzeln erkennen und transformieren und die heilsamen stärken. Das geschieht nicht durch Kontrolle oder Sieg über das Negative. Die alles entscheidende Maxime ist die Integration all dessen, was wir geworden sind. Liebe integriert Hass, Großzügigkeit integriert Gier, und Weisheit integriert Verblendung. Und wo praktizieren wir in dieser Weise? Genau da, wo wir gerade um uns selbst oder um einen anderen Menschen ringen, wo wir unseren Aufgaben nachgehen. Genau da, wo wir uns gegenwärtig in unserem Leben befinden: in dieser Lebensphase, in diesem Konflikt, in diesem Glück, in diesem Augenblick. Der nachfolgende Bericht einer Schülerin veranschaulicht dieses Ringen.

> »Schon halb sechs, und der Aufmacher ist noch nicht da. Dieser Text, den ich gerade redigiere, ist mit Fehlern gespickt. Und jetzt kommt noch die Nachricht, dass ein berühmter Schauspieler gestorben ist. Also schnell ein neues Layout basteln ... Ich arbeite bei einer Tageszeitung. Und das sind die Momente, in denen ich mich nach einem einfachen, strukturierten Leben sehne. Tatsächlich aber fordert mein Job dazu heraus, mich im

Loslassen zu üben; hinzunehmen, dass selten etwas nach Plan läuft, und flexibel auf jeden Moment zu reagieren. Wenn mir das gelingt, bleibe ich im Fluss, und die Arbeit bereitet Freude.«

Inmitten unserer Menschlichkeit nach dem Heiligen suchen

Wir können das Leben als Ganzes – und dies auch noch authentisch – nur dann leben, wenn wir unsere menschliche Wirklichkeit in ihrer Fehlbarkeit anerkennen. Diese Fehlbarkeit bringt auch immer wieder die Sehnsucht nach Heilung und Vollkommenheit hervor. Aber welcher Grad an Vollkommenheit ist uns als Menschen möglich? Zu wie viel Geradlinigkeit, Perfektion, Makellosigkeit sind wir wirklich fähig? Ist es denn überhaupt sinnvoll, Perfektion anzustreben? Wenn Perfektion bedeutet, dass etwas fehlerfrei ist, dann sicherlich nicht. Das Konzept der Makellosigkeit und Vollkommenheit verführt uns dazu, jeden Flecken auf unserem Herzen zu verurteilen und ihn dann so schnell wie möglich beseitigen zu wollen.

Bei dieser Suche nach innerer Freiheit verlaufen wir uns, wenn unsere Strategien Widerstand, Kampf, Kontrolle, Verdrängung und Manipulation sind. Damit entfernen wir uns immer mehr von uns selbst. Irgendwann kommt es jedoch zu einem Richtungswechsel. Dann verstehen wir nicht nur, sondern erfahren auch selbst, welche Kraft Akzeptanz in sich birgt. Akzeptanz begleitet uns bis ans Ende des Lebens. In unserer Menschlichkeit sind wir fehlbar, und Akzeptanz, Wertschätzung und Toleranz sind sowohl heilige als auch heilende Mittel. Durch die spirituelle Praxis können wir uns vom Leiden befreien, aber nicht vom Menschsein. Dazu müssen wir verstehen, was mit Leiden gemeint ist. Die erste Wegstrecke unserer spirituellen Übung widmet sich dieser Frage. Wir schauen uns viele Jahre lang an, wie Leiden immer wieder neu entsteht, und erkennen zudem, dass wir in jedem Moment die Wahl haben: angesichts des Lebens, so wie es sich gestaltet, zu leiden oder friedvoll zu sein.

Den buddhistischen Weg zu gehen bedeutet, uns selbst sowie das Leben zu akzeptieren, zu erkennen und zu erforschen. Wenn wir das tun, kommen wir augenblicklich mit dem in Berührung, was weder rein noch vollkommen, noch perfekt ist. Genau das ist unser Weg. Bernard Glassman meditierte bewusst an Orten der Gewalt. Da, wo Menschen anderen Menschen Unfassbares angetan haben. Dass das geschieht, war und ist möglich. An einem solchen Ort zu meditieren bedeutet, inmitten des Schmerzes der Fehlbarkeit zu sitzen, sich berühren zu lassen und nach Heilung zu streben. (Glassman 2001) Der Heilungsprozess selbst ist in diesem Sinne das Wichtigste, das wir erfahren können, und nicht unser Streben nach dem Ziel, sondern das Erleben der Wunde und das Ringen um all die Faktoren, die Heilung ermöglichen. Irgendwann sind wir nicht mehr an der Perfektion selbst interessiert, weil wir dieses Konzept hinter uns gelassen haben. Wir suchen nicht mehr ein anderes und vollkommeneres Leben, sondern erkennen, dass genau diese Suche der tragischste Irrtum unseres Lebens war. Wir wissen, dass wir uns nicht vom Leben abspalten können. Das bedeutet, inmitten unserer Menschlichkeit nach dem Heiligen zu suchen und inmitten des Schmerzes Frieden zu finden.

Wir vereinfachen unsere Strategien: Wenn wir auf unserem Weg straucheln, fragen wir, wie wir wieder aufstehen können. Wenn wir inneres Chaos erleben, suchen wir nach Frieden, und wenn wir uns ungeschützt fühlen, bemühen wir uns um eine Zuflucht, die uns beschützt. Wir lassen die Idee los, uns selbst besiegen zu müssen, und beginnen, uns so zu akzeptieren, wie wir geworden und jetzt sind. Wir beginnen, unser Leben so wertzuschätzen, wie es sich von Moment zu Moment zeigt.

3.
Wahrhaftigkeit – furchtlos der Wahrheit zugeneigt

Rabbi Elimelech Lizensker sagte: »Ich bin sicher, dass ich meinen Anteil an der kommenden Welt haben werde. Wenn ich mich vor dem Himmlischen Gericht verantworte, werde ich gefragt werden: ›Hast du gelernt, pflichtgemäß zu handeln?‹
Darauf werde ich antworten: ›Nein.‹
Weiter werde ich gefragt: ›Hast du pflichtgemäß gebetet?‹
Wieder wird meine Antwort lauten: ›Nein.‹
Und auch auf die dritte Frage ›Hast du pflichtgemäß Gutes getan?‹ werde ich antworten: ›Nein.‹
Dann wird das Urteil zu meinen Gunsten gesprochen werden, denn ich werde die Wahrheit gesagt haben.«
NEWMANN zitiert in: Kurtz/Ketcham 2006, Seite 28

Es ist die Wahrhaftigkeit, die uns aus manchen Verwirrungen im Kontext unseres spirituellen Weges herausführen kann, weil sie sich einer tiefen Ehrlichkeit uns selbst und unseren Unzulänglichkeiten gegenüber verpflichtet fühlt und uns Einsicht in unsere wahre Natur ermöglicht. Wahrhaftigkeit bewahrt uns davor, uns selbst und anderen etwas vorzumachen. Sind wir wahrhaftig, ersparen wir uns aufwendige Konzepte darüber, wie wir sein sollten. Im Duden heißt es unter »Wahrhaftigkeit«: wahr, von einem Streben nach Wahrheit erfüllt, wirklich, richtig, regelrecht, echt. In der griechischen Sprache heißt »Wahrheit« *aletheia*, auch übersetzt mit »Wirklichkeit« und »Unverborgenheit«. In der modernen Psychologie sind die gebräuchlichen Begriffe für »Wahrhaftigkeit« Authentizität und Integrität. Authentizität bezieht sich auf die Echtheit und Glaubwürdigkeit einer Person in ihrem Ausdruck und bedeutet, ganz in Übereinstimmung mit den eigenen Gefühlen, Gedanken und Werten zu leben, frei von der Anpassung an Gruppen- oder gesellschaftliche Zwänge. Integrität – vom Lateinischen *Integritas*, was unversehrt, intakt und vollständig bedeutet – bezieht sich auf die ethische Dimension unseres Selbstbildes und -ausdrucks.

Wahrhaftige Menschen bleiben sich selbst treu, leben und handeln echt und stimmig. Sie *verbergen sich nicht*, das heißt, wir können solchen Menschen vertrauen. Das bedeutet nicht, dass sie immer freundlich und angenehm sind. Es sind Menschen mit einem tiefen Wissen um Verantwortung und mit entsprechender Zivilcourage. Schließlich sind es freie Menschen, denn sie bemühen sich nicht mehr darum, sich zu verstellen, um anderen zu gefallen. Sie tun, was sie denken und sagen, und sind somit zuverlässig. Es sind Menschen, die sich selbst akzeptieren in ihrer Ganzheit und Widersprüchlichkeit, und so sind sie auch in der Lage, auf andere wertschätzend und furchtlos zuzugehen, ohne etwas zu erwarten. Für viele von uns ist diese Authentizität ein zentrales Motiv für unsere spirituelle Reise und das Ringen um uns selbst.

Meine tiefe Verehrung für Ayya Khema beruht unter anderem auf ihrem Mut, ihrer Klarheit und ihrer Authentizität. Dadurch war sie nicht nur eine großartige Lehrerin, sondern auch ein Vorbild für die Werte, die ich in mir selbst zu verwirklichen suche. Nachhaltig hat mich ein Gespräch mit ihr beeindruckt, in dem sie sagte: »Ich tue nichts mehr mit der Motivation, anderen zu gefallen.« Sie fühlte sich ausschließlich dem Dharma, der Wahrheit, verpflichtet. Genau das bedeutet Wahrhaftigkeit im buddhistischen Sinne, das Pali-Wort dafür lautet *Sacca*, was wörtlich übersetzt »Seiendheit« oder »wie die Dinge sind« heißt. Wir können es aber auch mit »die Wahrheit erkennen« und »wahrhaftig sein« übersetzen. *Sacca* hat folgende Merkmale:

Die Wahrheit suchen und nach ihr leben

Das bedeutet, dem Dharma verpflichtet zu sein, die Wahrheit zu suchen und nach ihr – soweit es uns aufgrund unseres spirituellen Reifegrades möglich ist – zu leben.

Achtsamkeit kultivieren

Achtsamkeit ist die Voraussetzung dafür, Wahrhaftigkeit zu entwickeln. Sind wir fähig, all unseren Bewusstseinszuständen mit Achtsamkeit zu begegnen, sind wir auf dem Wahrheitspfad, denn Wahrhaftigkeit und Achtsamkeit bedingen einander.

Unterschiedliche Perspektiven einnehmen können

Die persönliche subjektive, begrenzte Sichtweise wird als solche erkannt und um eine Perspektive erweitert, aus der wir das Ganze überblicken. Das bedeutet, wir erweitern unsere subjektiven Ansichten und überwinden sie partiell, indem wir mehr als nur eine Perspektive zulassen und lernen, uns in andere hineinzuversetzen.

Universelle Wahrheiten durchdringen

Das Erkennen dringt durch die Oberfläche in die Tiefe zu den universellen Wahrheiten. Wir schauen nicht nur von außen oberflächlich auf die Dinge, sondern erspüren und verstehen sie durch Meditation von innen heraus.

Wie wahrhaftig sind wir?

- Wie zeigt sich Wahrhaftigkeit in deinen Worten und deinen Handlungen?
- Wann, wo und wie verstellst du deine Persönlichkeit und spielst dir und anderen etwas vor oder baust ein Image auf, um Vorteile zu erlangen?
- Bist du auf der Suche nach Wahrheit in deinem Denken, Kommunizieren und Handeln?

Wir alle teilen diese Sehnsucht nach Wahrhaftigkeit. Wer möchte nicht authentisch sein? Wer möchte nicht seine Scham und soziale Angst überwinden? Wer möchte nicht innerlich frei sein? Aber wie können wir das erreichen? Indem wir es aufrichtig mit uns selbst und dem gegenwärtigen Moment aufnehmen, was auch immer sich zeigt! Diese Unmittelbarkeit ist ein Zeichen für Wahrhaftigkeit. Wir machen uns und anderen nichts mehr vor, und wir fügen unserem Sein nichts hinzu, lassen aber auch nichts weg. So wird natürliche Spontaneität möglich. Wahrhaftigkeit reift durch die Praxis *zu tun, was zu tun ist*. So gewinnen wir unsere Energie zurück, die erlahmt, wenn wir uns im Widerstand verfangen haben. Wie wir unsere Praxis darauf anwenden können, wenn sich eine Situation anders ergibt als geplant und schwieriger wird als erwartet, beschreibt im Folgenden eine seit vielen Jahren Praktizierende:

»Eigentlich hatte ich mir die drei Wochen anders vorgestellt: Wie viel Aufwand hatte ich betrieben, um mir diese Zeit freizuschaufeln. Endlich war es so weit. Ich konnte mich an die Arbeit an meinem Buch setzen ... nur noch kurz etwas einkaufen gehen. Und dann ein Anruf. Aus! Meine Mutter ist gestürzt und liegt mit einem komplizierten Bruch im Krankenhaus. Mein fast

90-jähriger Vater ist nun allein zu Hause. Mein Verstand kollabiert. Er kann nicht einmal eine Enttäuschung formulieren. Das Einzige, was hilft, ist, einfach zu tun, was zu tun ist: Koffer packen, ein paar Anrufe, fahren, ankommen, Abendbrot zubereiten, dem Vater zuhören, mit Tanten reden und ihnen zuhören, den Ärzten zuhören – sehr viel zuhören. Und hinhören, was in mir geschieht, um immer wieder in Kontakt zu sein mit der Realität von Widerstand und reiner Gegenwärtigkeit im Einverstandensein.«

Die Wahrheit zu erkennen bedeutet, zu durchschauen, wie wir ständig in den Lebensprozess eingreifen und damit Leiden erzeugen. Wenn wir das tief greifend erkennen, sodass es uns in unseren Grundfesten erschüttert, werden wir mit dem Eingreifen aufhören.

Auch Wahrhaftigkeit ist ein Training

Der Clown lebt
von Moment zu Moment,
von Einfall zu Einfall.
Er sucht die Wahrheit nicht
im Denken,
sondern im Sein.
JOHANNES GALLI

Ein Archetyp der Wahrhaftigkeit ist der Clown. Nichts ist schwieriger, als sich selbst ehrlich zu sehen und zu beurteilen. Denn bis wir auf den Grund unseres Wesens schauen können, müssen wir durch viele Schlacken der Selbsttäuschung hindurchgehen. Menschen, die eine lebensbedrohliche Erkrankung durchleiden, sind häufig in der Lage, von jetzt auf gleich durch diese Schlacken hindurch sich selbst wahrheitsgemäß zu erkennen.

Um uns selbst nicht begegnen zu müssen, schauen wir oft lieber auf andere und versuchen, diese zu analysieren und zu bewerten. Aber wer von uns kann einen anderen Menschen wirklich klar sehen? Ayya Khema hat uns immer wieder darauf aufmerksam gemacht, dass ein verblendeter Geist immer verblendete Vorstellungen über andere Menschen hat, gemäß dem Sprichwort: »Der Splitter im Auge des anderen ist stets der Balken im eigenen Auge.« Daher ist es vollkommen unnötig, andere Menschen zu beurteilen. Die Wahrheit können wir erkennen, wenn wir auf unsere eigenen Reaktionen achten und aufhören, unentwegt die anderen in den Blick zu nehmen. Letztlich sagen wir bei jedem Urteil etwas über uns selbst aus. Wir erkennen in den anderen Anteile von uns selbst.

> Hilfreich ist eine kleine Übung: Wenn du bemerkst, dass du über andere Menschen sprichst, sie beurteilst und analysierst, dann halte einen Moment inne und überlege dir, dass und wie dies auf dich zutrifft und was du damit über dich selbst aussagst.

Wahrhaftigkeit bedeutet, dass wir eine intime Beziehung zu uns selbst zulassen. Das versetzt uns in die Lage, uns so zu sehen und anzunehmen, wie wir sind. Und darin sind unsere Schwächen und Widersprüche ebenso enthalten wie unsere Stärken und Geradlinigkeiten. Manchmal fühlen wir uns gespalten, und ein anderes Mal erleben wir Momente der Ganzheit. Genau in diesem Ringen mit diesen beiden Seiten brauchen wir Wahrhaftigkeit – eine Ehrlichkeit uns selbst gegenüber. Es bedeutet, dass wir uns selbst nicht verleugnen. Eine Schülerin schreibt hierzu humorvoll folgende Zeilen:

»Frau Meier von Norddeutschlands Küste
war traurig, weil sie gerne wüsste,
was Wahrhaftigkeit sei,
und sie merkte dabei,
dass sie einfach Frau Meier sein müsste.«
CLAUDIA F.

Der Weg der Wahrhaftigkeit und Integrität ist sicherlich kein leichter Weg, denn er ist voller Widersprüche, Rückfälle, Verirrungen, weil wir widersprüchlich handeln, in unheilsame Gewohnheiten verfallen, uns immer wieder verirren und meinen, das Leben doch irgendwie kontrollieren zu können. Diesen Weg der Wahrhaftigkeit zu gehen bedeutet, dass wir uns all dieser Widersprüche, Rückfälle und Verirrungen bewusst werden und sie zulassen.

»Tatsächlich aber ist es die Ehrfurcht, die wir unserem eigenen Dasein entgegenzubringen haben, die uns anhält, uns immer selbst treu zu bleiben, indem wir auf jede Verstellung, von der wir in dieser oder jener Lage Gebrauch gemacht hätten, verzichten ...«
SCHWEITZER 1988, Seite 31

4.
Frieden durch eine Kultur der Wertschätzung

Wertschätzung öffnet die Tür, um Menschen füreinander zu interessieren und miteinander zu verbinden. Die Vereinzelung, die der Individualismus mit sich brachte, ist für uns alle spürbar. Leicht sind wir zu verunsichern, und groß ist die Sehnsucht danach, angenommen und respektiert zu werden.

> Nimm dir ein paar Augenblicke Zeit, um nachzuspüren, was Wertschätzung für dich bedeutet. Frage dich, was für dich wertvoll ist, was deine Werte sind und wie du sie in anderen erkennen kannst.

Die Praxis der Wertschätzung beginnt mit der Wahrnehmung des Bedeutsamen, Wertvollen oder Schönen, ob bei uns selbst, bei einem anderen Menschen, in der Natur oder in einer schwierigen Situation. Wir lernen, Geschenke wahrzunehmen, Möglichkeiten aufzuspüren und den Reichtum in unserem Leben zu entdecken. Indem wir uns mit der Absicht aufmachen, der Welt offen und wertschätzend zu begegnen, verabschieden wir uns gleichzeitig davon, tendenziell den Mangelzustand zu sehen. Falsche Glaubenssätze oder Selbstbilder tun ihr Übriges. Leben wir aus einem Mangelempfinden heraus, ist unser Sender meist auf Nörgelei, Abschätzen und Klagen eingestellt. Unaufhörlich müssen wir berichten, warum das Leben so schwer und ungerecht, unsere Kollegen so unliebsam und unsere Beziehungen so frustrierend sind. Wir verlieren uns in der Abwertung oder der Ablehnung unserer selbst und anderer. Die Heilkraft dieser Praxis erleben wir, wenn wir in solchen Momenten mutig all dem begegnen. Wertschätzung wird zur transformierenden Kraft.

Wertschätzung öffnet uns für das Gegenüber. Mit einer wertschätzenden Offenheit erwacht in uns das Interesse für das, was geschieht und uns begegnet. Wertschätzung ist wie ein Sensor, der aufspürt, was im anderen Menschen oder in einer Erfahrung Wertvolles verborgen liegt. Sie öffnet aber auch den Menschen, der uns gegenübersteht, denn dieser kann sich im Klima der Wertschätzung entspannen, Träume zulassen und Heilung finden. Es gibt nichts Heilsameres, als von wohlwollenden Menschen wahrgenommen, erkannt und angenommen zu werden. Denn das teilen wir alle miteinander: eine existenzielle Sehnsucht nach Angenommensein und Geborgenheit.

- Besinne dich für ein paar Momente, um dir deiner Fähigkeiten und Potenziale bewusst zu werden, auch deiner liebenswerten Eigenschaften und Marotten.
- Suche das Wertvolle in deiner derzeitigen Lebenssituation, der Lebensphase oder dem Lebensalter, in dem du dich befindest.

Was wir zu erkennen vermögen, hat mit der Perspektive zu tun, aus der wir die Dinge betrachten. So kann zum Beispiel das Alter als Verlust der Jugendlichkeit oder als ein Prozess sich vertiefender Weisheit angesehen werden.

Die Wonne des großen Fühlens im Alter
besteht nicht im Besteigen der Gipfel.
Sie liegt im Verstehen der Berge.
CHAO-HSIU CHEN

Der erste Schritt zu einer gelebten Kultur der Wertschätzung ist, uns zu erlauben und zu lernen, uns selbst zu schätzen. Wenn das geschieht, haben wir uns einen inneren Freiraum geschaffen, der es uns zugleich ermöglicht, wahrhaftig zu sein. Leben wir ehrlich uns selbst gegenüber, können wir auch tiefer schauen bis hin zur ursprünglichen Natur des Geistes, die rein, klar und offen ist. Wertschätzung ist somit die Grundlage unserer Wahrhaftigkeit. Wir müssen uns weder verstecken noch verstellen und dürfen Fehler machen. Sind wir von diesem wertschätzenden Bewusstsein erfüllt, fühlen wir uns leicht und offen, ohne unsere Grenzen zu missachten. Können wir uns selbst wertschätzen, dann sind wir bereit und in der Lage, auch in anderen Fähigkeiten und Potenziale zu erkennen und zu würdigen. Letztlich geht es auch hier darum, der gesamten Existenz mit einer wertschätzenden, respektvollen Haltung zu begegnen.

Wenn wir uns für die Praxis der Wertschätzung sensibilisieren wollen, müssen wir genau und klar vorgehen und so konkret wie möglich Sprache und Ausdruck für das Wertzuschätzende finden. Etwas, das über »Du bist super« oder »Ich finde dich cool« hinaus- und in die Tiefe geht. Denn vor uns steht jeweils ein Mensch, den es in seiner Einzigartigkeit zu erfassen gilt. Hierzu bedarf es eines Dreierschrittes, wie ihn Barbara Mettler-v. Meibom vorschlägt: suchen – finden – benennen. (Mettler-v. Meibom 2007) Im folgenden Text beschreibt eine Schülerin den komplexen Vorgang des Ringens um eine wertschätzende Haltung:

> »Während der Babyjahre meines Sohnes zog ich mit einer guten Freundin zusammen. Ich stillte den Kleinen noch, auch mehrmals in der Nacht, und war am Tag, wenn er rennen und toben wollte, zunehmend erschöpft. Manchmal bat ich dann meine Freundin am Morgen, kurz nach dem Kleinen zu schauen, damit ich Zeit allein im Bad hatte. Sie tat es und schloss nach zehn Minuten entschieden ihre Tür, um sich ihrem Studium zu widmen.

Als ich mich am Rande der Erschöpfung angelangt fühlte, bat ich sie, meinen Sohn zu meiner Entlastung einmal auf einen ihrer täglichen Spaziergänge in den Park mitzunehmen. Sie erklärte mir, dass sie solche spontanen Überfälle nicht liebe und ihre Freizeit brauche, aber bereit sei, einen im Voraus verabredeten Abend pro Monat seine Betreuung zu übernehmen. Ich war enttäuscht und wütend auf sie. Wie konnte sie so rigoros und egoistisch sein, meine Freundin, die ich immer für einen großartigen Menschen gehalten und für so vieles bewundert hatte? Ein weiserer Teil von mir ahnte, dass ich ihr weder mit meinen jetzigen noch mit meinen früheren Beurteilungen wirklich gerecht wurde. Ich beschloss, mich ihr in der Zeit nach dem Meditieren zu widmen. Da war mein Geist ruhiger und meine Gefühle waren besänftigt. Was mir als Egoismus erschienen war, konnte ich nun als ihr diszipliniertes Bemühen erkennen, auch in angespannten Zeiten gut für sich zu sorgen, um mit all den Anforderungen, zu denen auch das Zusammenwohnen mit einem Kleinkind gehörte, nicht ihren Herzensfrieden zu riskieren. Ich konnte sie wieder wertschätzen und fühlte mich ihr aufs Neue verbunden. Als ich meinen Prozess später mit ihr teilte, konnte sie sich mir in ihren Ängsten zeigen, zu viel auf sich zu nehmen. Gleichzeitig wurde sie sich ihrer Starre bewusst, die sie in dieser Phase gebraucht hatte. Durch diese Prozesse, die alles andere als leicht waren, ist eine ehrliche Nähe zu dieser Freundin gewachsen, die uns beiden kostbar ist.«

Wertschätzung ist immer ehrlich gemeint, kommt aus dem Herzen und ist weit entfernt von jeglicher Lobhudelei. Es ist nicht nur eine interessierte, sondern eine liebende Haltung. Auch Kritik hat eher eine Chance, gehört zu werden, wenn sie mit einer wertschätzenden Haltung geäußert wird.

»Wertschätzung ist also mehr als zu loben oder einem Menschen mit freundlichen Worten Anerkennung entgegenzubringen. Es

> *ist eine Kultur der Begegnung, die von einer Haltung der Achtsamkeit des Herzens gegenüber menschlichen Grundbedürfnissen vielfältiger Art geprägt ist.«*
> METTLER-V. MEIBOM 2006, Seite 72

Die Grundbedürfnisse, die hier gemeint sind, sind Zugehörigkeit, Anerkennung und Aufmerksamkeit sowie Zuneigung und die Chance, die eigenen Potenziale auszudrücken. In dieser Haltung können sich Mensch und Natur in ihrer Schönheit entfalten und Heilung finden. Es ist ein aktiver, bewusster Entschluss, sich nicht in den Fehlleistungen und Mängeln zu verlieren, sondern sie zu integrieren und gleichzeitig die Fähigkeiten zu bergen, die im jeweiligen Menschen aktuell oder potenziell vorhanden sind. Eine wirksame Übung in der traditionellen buddhistischen Praxis besteht darin, für einen Tag oder eine Woche in jedem Menschen, dem wir begegnen, die Buddhanatur zu erkennen. Das bedeutet, jeden Menschen als einen Träger des Höchsten wahrzunehmen und zu achten. Das ist überaus hilfreich, um die inneren Barrieren ein wenig aufzuweichen.

> Stell dir vor, wie es wäre, wenn du allen Menschen mit Wertschätzung begegnetest. Einfach weil es eine Grundhaltung deines Herzens ist. Stell dir vor, wie das ist. Spürst du die Erleichterung?

Wir werden uns bewusst, dass wir schließlich allem Lebendigen diese Wertschätzung entgegenbringen können: den Pflanzen, den Tieren, der Natur. Wir wissen, auch diese brauchen unsere Wertschätzung, um existieren, überleben und heil werden zu können.

- Was kannst du in diesem Augenblick wertschätzen?
- Wie kannst du heute in deinem Alltag Wertschätzung praktizieren?

Wertschätzung ist in ihrer heilenden und integrierenden Kraft notwendig in unserer Welt, in der sich Abgrenzung, Absonderung, Fremdheit und Isolation in den Vordergrund gespielt haben. Aber sie ist zu einem seltenen Gut geworden. Wenn wir sie aktiv und bewusst aufbringen, ist es ein Prozess der Heilung. Wir können die Wertschätzung in alle Bereiche unseres Seins und Wirkens hineintragen. In unserer westlichen Welt bedürfen wir einer Kultur der Wertschätzung und Würdigung dessen, was ist. So gesehen bezieht sie sich nicht nur auf unser Miteinander, sie kann auch auf die Bereiche der Politik, der Gesellschaft, der Arbeitswelt, der Bildung und Erziehung übertragen werden. Wertschätzung umfasst den Umgang mit uns selbst und auch mit unserer Um- und Mitwelt in all ihren Schichten und Dimensionen. (Vgl. Mettler-v. Meibom, 2006)

5.
Über das Annehmen.
Einfache Übung – schwer zu meistern

Wenn wir dem Wunsch nach Integration weiter nachgehen, dann gelingt uns das durch die umfassende Praxis des Annehmens. Damit verschieben wir wiederum unsere Perspektive vom Ablehnen, was wir häufig gewohnheitsmäßig tun, und entwickeln nach und nach eine stabile innere Haltung der Akzeptanz. Ablehnende Bewusstseinszustände können sich zum Beispiel in Form von Widerstand, Kritik, Verurteilung, Vergleich oder Ausgrenzung zeigen.

Wer von uns kennt nicht diesen Widerstand gegen das, was gerade ist, und das Herbeiwünschen dessen, was gerade *nicht* ist? Erfahren wir Schmerz, wünschen wir uns, dass der Schmerz verschwindet. Wir sehnen uns nach Schmerzfreiheit. Sitzen wir im Zug, wollen wir schon angekommen sein. Leben wir in einer festen Partnerschaft, fühlen wir uns eingeengt. Leben wir allein, fühlen wir uns einsam. Werden wir morgens wach, wollen wir nicht aufstehen, und abends sitzen wir vor dem Fernseher und wollen nicht ins Bett. Das, was jetzt ist, wollen wir nicht, und so begehren wir genau das, was nicht vorhanden ist.

- Was geht *jetzt* in dir vor? Vielleicht möchtest du deine Sitzhaltung verändern, die Schultern entspannen, etwas trinken oder kurz deine Freundin anrufen?
- Bist du jetzt beim Lesen hundertprozentig aufmerksam, oder gibt es da etwas, das dich weiter- und davontreibt?

Im Laufe unserer Entwicklung versuchen wir auf viele Arten, diese Verkrampfungen und unangenehmen Gefühle loszuwerden. Manchmal gelingt es uns sogar, aber nie dauerhaft. Dann denken wir, dass irgendjemand, den wir mit der frustrierenden Erfahrung verbinden, schuld an unseren unangenehmen Gefühlen sei, und beginnen, diesen Menschen abzulehnen und zu bekämpfen. Damit schüren wir jedoch lediglich die Gefühle des Getrenntseins, des Misstrauens sowie der Angst. Wie können wir uns aus diesem Dilemma befreien? Indem wir meditieren, dadurch zu einer umfassenden Sicht gelangen, die uns zurückbringt zu uns selbst und zu unserer Intention, das Heilsame zu fördern. Das wiederum hat eine unmittelbare Wirkung auf unser Vertrauen, sodass wir uns mehr selbst anerkennen und wertschätzen können und nicht darauf warten müssen, dass andere das tun.

Im Folgenden beschreibt eine Schülerin ihre Erfahrungen mit diesem Prozess:

»Meine Mutter fühlt sich persönlich gekränkt, wenn mein Verhalten nicht ihren Vorstellungen und Überzeugungen entspricht. Ihr Urteil über mich ist vernichtend, und sie leidet sehr darunter, dass ich nicht so bin und lebe, wie sie es als Mutter für mich vorgesehen hat. Früher habe ich diese Seite an ihr zu ignorieren versucht. Als ich aber in den letzten Jahren meine Verletzungen nicht mehr verdrängen konnte, war ich schnell selbstmitleidig und wütend auf sie, weil sie meine Ängste, nicht gut genug zu sein, noch verstärkt und mir damit das Leben schwer gemacht hat. Bei meinem letzten Besuch war es anders. Nicht, dass ich nicht mehr ärgerlich und traurig gewesen wäre. Aber diese Gefühle haben mich während der Woche nicht mehr bestimmt und danach auch nicht runtergezogen. Es war, als hätte die jahrelange Praxis einen Vorrat an Selbstannahme und Vertrauen ins Leben in mir aufgebaut. Damit hegte ich nicht mehr die Erwartung an meine Mutter, dass sie mich wertschätzt.

Deshalb fühle ich mich nicht nur unabhängiger von ihr, sondern auch bereit zu lernen, die Mutter anzunehmen, die ich tatsächlich habe.«

Wenn wir mehr Vertrauen und weniger Angst empfinden möchten, dann wird uns das gelingen, sofern wir Akzeptanz aufbringen können. Wir werden uns dessen achtsam bewusst, was gerade in uns vorherrscht. Ganz gleich, ob da Schmerz, Angst oder Einsamkeit ist, ob wir von vielen Gedanken irritiert werden oder mit unseren Reaktionen auf ein unangenehmes Geräusch klarkommen müssen. Was immer es ist, es ist in Ordnung. Mit dem Annehmen lassen wir gleichzeitig los. Wir lassen von der verbissenen Abwehr und der Vorstellung los, mit unangenehmen Empfindungen nicht zurechtkommen zu können. Sie sind nun einmal da, und sie wegzuwünschen bewirkt das Gegenteil. Es entsteht noch mehr Druck. Annehmen bedeutet hier ein Akzeptieren dessen, was ist, ohne jegliches Konzept dahinter. Es ist ein Einlassen in den Befreiungsprozess hinein – ohne Vorstellung. Im Grunde ist die Übung unkompliziert. Und sie bezieht sich auf alle auftretenden Gedanken, körperlichen Empfindungen, Gefühle und Bewusstseinszustände.

Sie lautet in Kurzform:
innehalten – erkennen – benennen – annehmen

Erkennen meint hier, wahrzunehmen, ohne sofort zu reagieren. Ist uns das möglich, so haben wir den ersten Schritt zur Freiheit vom Leiden getan. Wenn wir das Greifen nach angenehmen Erfahrungen und das Ablehnen der unangenehmen nur wahrnehmen, dann nehmen wir sie letztlich auch an. Und dieses Annehmen heilt. Das bedeutet jedoch nicht, alles gutzuheißen, was und wie es ist, in Fatalismus abzudriften oder schlechte Gewohnheiten zu entschuldigen. Manchmal müssen wir spontan handeln und in einer Situation eingreifen, um Unheil zu verhindern oder Schaden zu begrenzen. Geht es jedoch um schwierige Bewusstseinszustände und Lebenserfahrungen, die unvermeidbar sind, dann kommt diese kraftvolle Übung des Annehmens zur Geltung. Das Zulassen bildet die Grundlage dafür, das, was ist, vorurteilsfrei erforschen zu können. Es lehrt uns, dass es nicht darum geht, angenehme Gefühle zu haben, sondern Freiheit zu erfahren. Und Freiheit hat existenziell etwas mit Akzeptanz zu tun. Ein indischer Weiser, Nisargadatta Maharaj, fasst dies in folgende Worte:

> *»Die Essenz der Freude ist die Akzeptanz. Unabhängig davon, wie die Situation sein mag, wenn sie akzeptabel ist, dann ist sie angenehm. Wenn sie nicht akzeptabel ist, ist sie schmerzhaft.«*
> NISARGADATTA MAHARAJ, 1989

Die Übung ist täuschend einfach. Wir werden erfahren müssen, dass es nicht so leicht ist, uns immer wieder an sie zu erinnern und sie auch zu meistern. Daher brauchen wir geduldige Nachsicht und Durchhaltevermögen. Und es gibt eine weitere Schwierigkeit bei dieser Praxis. Denn ein Persönlichkeitsanteil in uns ringt ständig um Anerkennung. Wenn er dann diese Anweisung: »Annehmen, was ist« hört, dann merkt er auf: »Ah, jetzt gibt es wieder etwas, das ich richtig machen und wodurch ich Bestätigung finden kann.« Er hat verstanden, dass wir durch Annehmen frei werden können. »Das heißt also«, sagt sich dieser clevere Wicht in uns, »ich darf nichts mehr ablehnen, und ich sollte auch nichts mehr verurteilen. Ich werde sofort alle meine Erwartungen loslassen und keine neuen mehr aufbauen.«

Was geschieht hier? Wenn wir uns entschließen, keine Erwartungen mehr aufzubauen, so kann das zu einer raffinierten Neuauflage der Erwartungshaltung führen, gespeist durch die bange Frage: »Habe ich auch wirklich keine Erwartung?« Im Klartext heißt das dann, wir erwarten von uns, das wir keine

Erwartungen mehr haben. Es ist wie Zauberei. Das Ei ist immer wieder da, egal, wie oft wir es verschwinden lassen. Wir stagnieren und sitzen in der Falle. Wenn wir einen spirituellen Weg gehen, so können wir die unheilsamen Geistesfaktoren und Bewusstseinszustände überwinden und auflösen. Hier geht es darum, annehmend zu sein, und nicht darum, die Erfahrungen verändern zu wollen. Denn sobald wir uns verändern wollen, ist darin schon ein Quäntchen Ablehnung dessen, was wir in diesem Moment sind.

Um zum Beispiel einen Schmerz unmittelbar wahrnehmen zu können, brauchen wir Achtsamkeit. Sie beurteilt nicht, was wahrgenommen wird, und hofft auch nicht, dass der Schmerz durch diese sanfte Aufmerksamkeit verschwindet. Sondern voller Interesse nimmt Achtsamkeit diesen Prozess des aufkommenden oder sich verändernden Schmerzes und der geistigen Reaktion darauf wahr. Sie nimmt ebenso wahr, wenn sich Erwartungen aufbauen: »Endlich will ich frei sein von der Angst« oder: »Ich will unbedingt gelassen sein« oder: »Ich will nichts mehr erwarten, um nicht mehr enttäuscht zu werden.« Das Einzige, was wir *tun* können, ist wahrzunehmen und zu benennen, was ist. Und erst einmal wird uns bewusst, wie sehr wir uns im Widerstand verfangen haben. Aber das Entscheidende ist, dass wir dadurch mit der aktuellen Erfahrung in einem wahrhaftigen und unmittelbaren Kontakt sind. Wir erfahren bewusst, wie der ablehnende Geist sich durchsetzt und der begehrende Geist wirkt.

Auf dem spirituellen Weg lautet die zentrale Übung, wahrnehmen zu lernen, ohne das Wahrgenommene korrigieren oder beurteilen zu müssen. Es ist ein Training von frühmorgens bis spätabends. Bis zu dem Zeitpunkt, an dem das Bewusstsein im reinen Gewahrsein ruht, durchleben wir eine intensive Phase der Selbsterkenntnis. In diesem Prozess erkennen wir unsere persönlichen Muster. Dazu bedarf es des Mitgefühls und der Liebe zu uns selbst und, wenn das nicht möglich ist, dann doch wenigstens der größtmöglichen Selbstakzeptanz. Bei der Bewältigung dieser Strecke hilft uns eine hohe Frustrationstoleranz. Denn sie verhindert, dass wir gleich ins Fantasieland der Erleuchtung oder in die Folterkammer der Selbstabwertung abschwirren. Über viele Jahre des Praktizierens hinweg erkennen wir, wie sehr sich unser Denken und Handeln um Ablehnung und Begehren dreht. Auf die Art sind wir nie gegenwärtig, denn nur selten ist es gut so, wie es ist. Im Laufe unserer Praxis werden wir immer klarer erfassen, wie sehr wir unter dieser Haltung der Ablehnung und des Begehrens leiden. Eine Schülerin beschreibt hier ihren Prozess vom Widerstand zum Annehmen und wie befreiend dies sein kann:

»Ich wache auf. Oh je, eine ganze Arbeitswoche liegt vor mir. Die wird unangenehm. Ich will nicht. Wäre es doch schon Freitag. Meine Gedanken sausen vor und zurück. Das letzte Glas Wein gestern Abend war auch zu viel. Nein, das passt gar nicht. Ich will doch immer präsent sein. Schaffe ich ja noch nicht mal beim Aufstehen ... Plötzlich stupst mich eine weiche Pfote an, und ich blicke in zwei runde Augen. Während meine Katze zu schnurren beginnt, verlangsamt sich mein Gedankenfluss. Für ein paar Momente kann ich dem inneren Pingpong-Spiel zusehen. Es ist doch immer dasselbe. Ein erfrischendes, befreiendes Gefühl, das mich in Schwung bringt. Jetzt fällt das Aufstehen leicht.«

Wir berühren diese Erkenntnis mit dem Herzen. Genau das wird uns auf tiefe Weise wandeln. Es handelt sich weniger um ein verstandesmäßiges Wissen als vielmehr um ein intuitives Erkennen.

6.
Die Sehnsucht nach Vertrauen

Viele von uns sehnen sich danach, vertrauen zu können, denn wir wissen, wie wundervoll es ist, offen, vorbehaltlos, unvoreingenommen und frei von Kontrolle zu sein. Vertrauen ist den meisten von uns abhanden gekommen; das heißt aber nicht, dass es damit grundsätzlich verschwunden ist. Vertrauen ist entscheidend für unsere spirituelle Entwicklung, denn nur, wenn wir vertrauen können, können wir loslassen. Die buddhistische Praxis wendet sich schlummernden, vergessenen oder verdrängten Fähigkeiten zu und kultiviert sie, sodass sie uns eines Tages als Kräfte zur Verfügung stehen. Bezogen auf Vertrauen geht es erst einmal um das Vertrauen in uns selbst, dass wir mit allem fertig werden können, unabhängig davon, in welcher Situation wir uns befinden. Wir neigen oft dazu zu sagen: »Ach, ich schaffe es noch nicht, ich kann einfach nicht glauben, dass mir das möglich ist.« Oder: »Nein, ich bin es nicht wert, dass mir diese Verantwortung übertragen wird.« Vielleicht sagen wir auch: »Ich habe nicht verdient, was mir da gegeben wird, ich kann das nicht annehmen.«

Wir würdigen unsere Fähigkeiten viel zu selten. Viele von uns sind im Zweifeln, Kritisieren und in der Selbstablehnung geübter. Uns selbst halten wir häufig für nicht liebenswert, werfen uns schlechte Gewohnheiten vor wie zu viel fernsehen oder Alkohol trinken, rauchen, lästern, Süßigkeiten essen, negativ denken und so weiter, geloben dann Besserung, um letztlich feststellen zu müssen, dass wir kein Durchhaltevermögen haben. Zu misstrauen fällt uns leichter als zu vertrauen. Viele von uns haben erfahren, dass unser Vertrauen im Laufe unseres Lebens missbraucht wurde. Deshalb neigen wir zur Kontrolle und hoffen, dadurch mehr Sicherheit zu finden. Vertrauen ist zu einem kostbaren Gut geworden, das wir uns nur in Ausnahmefällen erlauben.

In den buddhistischen Schriften heißt es sinngemäß, dass wir die ganze Sache verkehrt herum betrachten. Nicht durch Kontrolle werden wir uns sicher fühlen, sondern nur durch Vertrauen und Loslassen. Kontrolle, Misstrauen, Angst und Unsicherheit haben mit einer Wahrnehmung zu tun, die uns vorgaukelt, dass wir getrennt von allem um uns herum existieren. In unserer Vorstellung ist da kein sicherer Grund unter unseren Füßen, existieren wir losgelöst vom Universum und schweben haltlos darin umher. Jedoch liegt diesem Gefühl der Verlorenheit nichts weiter als ein gedankliches Gebäude zugrunde, das uns vortäuscht, dass wir getrennt von allem anderen existieren. Immer dann, wenn wir uns mental mit diesem Gefühl des Getrenntseins verbinden, handeln wir aus diesem Bewusstsein heraus. Dann denken wir in Gegensätzen und bewerten und vergleichen alles, was uns begegnet. Ein Bewusstsein, das von der Vorstellung besetzt ist, dass alles getrennt voneinander existiere, ist emotional in Angst gegründet. Mit einem solchen Bewusstsein fühlen wir uns nicht wohl und können wir uns nicht entspannen. Es ist eine Perspektive, die uns viele Schwierigkeiten bereitet. Beginnen wir diese Prozesse mit Achtsamkeit zu untersuchen, dann erkennen wir: *Hinter* allen Phänomenen in ihrer Einzigartigkeit sind wir mit allem verbunden.

Wenn wir voller Vertrauen sind, fühlen wir uns wohl, was die grundlegende Qualität unseres Herzens ist. Vertrauen ist ein Gefühl der Zuversicht, auch in Situationen, in denen wir nicht wissen, wie sie ausgehen werden. Denn es bedeutet, dass wir grundsätzlich dem Leben vertrauen. Können wir vertrauen, dann stabilisiert uns das.

- Wie steht es mit dem Vertrauen in deinem Leben?
- Wie fühlt es sich an, wenn du sagst: »Ich kann vertrauen«?

Dieses Vertrauenkönnen ist wie eine innere Aufrichtung. »Ich vertraue darauf, dass alles, was mir begegnet, positiv zu meiner Entwicklung beitragen wird.« Was geschieht in uns, wenn wir auf diese Weise mit uns in Dialog treten? Versuchen wir es mit weiteren Vertrauenssätzen:

- »Ich vertraue darauf, dass ich aus Fehlern lernen kann.«
- »Ich vertraue darauf, dass diese Welt Frieden finden kann.«
- »Ich vertraue darauf, dass ich allem, was geschieht, begegnen kann.«
- »Ich vertraue darauf, dass ich Heilung finden kann.«
- »Ich vertraue darauf, dass ich innere Befreiung erfahren kann.«

Normalerweise entwickeln wir Vertrauen, wenn im Außen alles gut geregelt ist. Wir vertrauen, weil wir eine feste Arbeitsstelle haben. Wir vertrauen, weil unsere Familie hinter uns steht. Wir empfinden Stabilität, weil uns bestimmte feste Gewohnheiten und Rituale Sicherheit geben. Das heißt, wir vertrauen aufgrund von Dingen, die außerhalb von uns sind. Das Vertrauen, das sich durch die buddhistische Praxis ausbildet, ist etwas anderes. Hier bedeutet Vertrauen, dass wir uns von Gewohnheiten verabschieden können, die erstarrt sind und uns davon abhalten, uns auf das Leben einzulassen. Welche Gewohnheitsmuster bringen uns durch den Tag? Der Tee am Morgen? Eine gewisse Reihenfolge bei der Morgentoilette und beim Anziehen? Wir nehmen das

Frühstück in einer bestimmten Art und Weise zu uns. Vielleicht mit oder ohne Zeitung. Vielleicht brauchen wir das Radio als Hintergrund, hören die ersten Nachrichten, oder es soll ganz still sein. Wie schnell sind wir irritiert, wenn irgendetwas anders verläuft als gewohnt? Wie weit sind diese alltäglichen Abläufe schon zu festen Gewohnheiten geworden, von deren gutem Verlauf unsere Stimmung abhängig ist? Und was kann alles passieren und uns ganz plözulich aus der Bahn werfen: Morgens klingelt ein Nachbar und will etwas von uns; es ist kein Tee mehr da; unsere Bluse, die wir unbedingt anziehen wollten, hat einen Fleck; die Verdauung ist gestört; die Haare liegen nicht, wie sie sollten. Wenn die festen Gewohnheiten eine Art Sicherheitsvorkehrung für die Fähigkeit des Vertrauens darstellen, dann sind wir eingeladen, einmal genau hinzuschauen. Wir haben um uns herum so viele Sicherheitsschlösser angebracht, dass wir gar nicht mehr auf die Idee kommen, die Tür zumindest zeitweise offen zu lassen. Vertrauen ermöglicht es uns, zu experimentieren und überflüssig gewordene Gewohnheiten aufzulösen. Gleichzeitig sind Rituale etwas Wunderbares. Sie begleiten uns durchs Leben und geben einen Rhythmus vor, wie der Takt in einem Musikstück. Die Frage ist allerdings, von welcher Frische und Lebendigkeit sie sind.

Das Pali-Wort für Vertrauen ist *Saddha*. Sharon Salzberg umschreibt dessen Bedeutung mit »das, worauf man sein Herz setzt«. (Salzberg 1999, Seite 118) Wenn wir auf etwas unser Herz setzen, dann heißt das, wir lassen uns mit ganzem Herzen ein, anstatt dass wir dies nur halb-herzig tun. Traditionell wird *Saddha* auch mit »Glauben« übersetzt, und zwar in dem Sinne, dass wir uns auf etwas einlassen und zugeben, dass wir nicht wissen können, was auf uns zukommt. Wir vertrauen darauf, dass es gut wird. Im höchsten Sinn geht es um Hingabe und um das Loslassen in den Einsichtsprozess hinein. Auf alle Fälle ist Vertrauen eine Herzensqualität. Wenn wir uns hingeben können, zuversichtlich und gelassen sind, dann haben wir Vertrauen.

Vertrauen ist somit eine innere Haltung. Diese vertrauende Haltung prägt die Art und Weise, wie wir auf etwas zugehen. Gleichzeitig ist es auch eine Erfahrung des Gehaltenwerdens. Wenn wir uns einmal fragen, ob wir Vertrauen haben, dann untersuchen wir, ob wir in letzter Zeit einen Moment erlebt haben, der ohne Erwartungen und Befürchtungen war. In diesem Fall haben wir auch Vertrauen empfunden.

Spirituelles Vertrauen ist jene Kraft, die ein unauslöschliches Vertrauen in die Natur unseres Wesens hat. Es ist dieses Gefühl: »Ich bin lebendig, und allein das ist fantastisch.« Gleichzeitig entsteht damit jene Sensibilität, die uns mit allen Lebewesen mitempfinden lässt, sowie eine natürliche Sorge um das Ganze. Das heißt, mit Vertrauen ist auch Offenheit da, und wir können lieben und mit anderen mitfühlen. Wenn wir zum Urvertrauen erwachen – und wenn nur für einen Moment – dann sind wir in diesem Augenblick frei von Angst. Genauer gesagt, erwachen nicht wir zu diesem Vertrauen, sondern *es* erwacht in uns. (Gebser Bd. 5/2 1986, Seite 124–141)

Aufgrund dieses Vertrauens erleben wir, dass wir uns ganz natürlich von der uns begrenzenden Sorge um uns selbst lösen können. Diese Erfahrung wiederum gibt uns ein inneres Gleichgewicht, durch welches sich das Vertrauen vertiefen lässt.

Es gab und gibt viele Frauen und Männer, bekannte und unbekannte, die aus diesem Vertrauen heraus gewirkt und gelebt haben. Sie haben aus dem tiefen Wissen heraus gelebt, unauflösbar im Urgrund verwurzelt zu sein. Und sie konnten mit natürlicher Wertschätzung jeglicher Existenz begegnen. Wer fällt uns als solcher Mensch ein? Vielleicht Buddha, Meister Eckhart, Teresa von Ávila, Mutter Teresa, Gandhi. Sind wir nicht mit dem Urvertrauen verbunden, so laufen wir Gefahr, von der Urangst getrieben zu werden. Diese drückt sich letztlich in der Angst zu sterben aus. Es ist die Angst, dass unser Leben oder das unserer liebsten und nächsten Menschen bedroht ist. Diese existenzielle Angst zeigt sich oft in kleinen Ängsten wie der Furcht davor, wegzufahren, den Arbeitsplatz zu wechseln, eine Beziehung zu beenden, selbst wenn sie nicht mehr förderlich ist, auf eine Party zu gehen, allein zu verreisen, zurückgewiesen zu werden. Aufgrund dieser Angst beginnen wir, der Welt und anderen Menschen voller Misstrauen zu begegnen. Daraus resultiert, dass wir eng, starr und hart werden. Psychisch neigen wir mit einem solchen Geist zu Dogmatismus und Fanatismus, zu Ungerechtigkeit und selbstgerechtem Zorn.

Vielleicht lösen wir das Problem mangelnden Urvertrauens auch, indem wir uns taub machen, eine gleichgültige Haltung kultivieren, um auf jeden Fall diese Angst nicht fühlen zu müssen. Aber das ist lediglich die andere Seite derselben Medaille. Denn auch hierdurch schneiden wir uns von der Wirklichkeit ab, von unserer Vitalität, dem Gegenwärtigen und damit von der Freiheit. Beim Entwickeln von Vertrauen hilft die Meditationspraxis, bei der wir Momente des Loslassens erleben und infolgedessen erkennen, dass wir in diesem Erleben nicht gefährdet sind.

Erste Ebene des Vertrauens: das begeisterte Vertrauen

Das Entfalten von Vertrauen ist ein Prozess in drei Schritten oder auf drei Ebenen. Im ersten Schritt oder auf der ersten Ebene entwickeln wir das *begeisterte* Vertrauen. Viele von uns kennen das: Wir sehen eine charismatische Persönlichkeit im Fernsehen oder auf der Bühne und sind inspiriert. Glücksgefühle entstehen, Enthusiasmus, ein Gefühl von Liebe. Ganz gleich, wie wir es nennen, unser Geist ist offen, weit, klar und beglückt. Obwohl wir dieser Person nicht persönlich begegnen, fühlen wir uns ganz persönlich angesprochen und auf eine tiefe Weise mit dieser Person verbunden. Vielen Menschen ist es mit Ayya Khema so ergangen. Manche Menschen hat sie so tief berührt, dass sie daraufhin ihr Leben grundlegend geändert haben. Auch ich war von diesem begeisterten Vertrauen erfasst, als ich Ayya Khema und mit ihr der buddhistischen Lehre begegnete. Ich hatte keinerlei Erwartungen in mein erstes Retreat, sondern ich wollte nur etwas zur Ruhe kommen, um einen Ausgleich zu meiner intellektuellen Tätigkeit herzustellen. Schon am ersten Abend ergriff mich dieses begeisterte Vertrauen, das sich dann mit Willenskraft verband und mir half, über die Schmerzen meines verspannten Körpers, die Unerfahrenheit mit den Methoden, den Druck, den ich mir machte – also den vielen Frustrationen – hinwegzukommen.

Begeistertes Vertrauen ist aktiv, wenn wir eine Lehrerin oder einen Lehrer toll finden, denn dann lernen wir gerne. Es ist auch aktiv, wenn wir einen Menschen lieben. Manchmal unternehmen wir dann Dinge, die wir sonst nicht täten, zum Beispiel an einem Tauchkurs teilnehmen oder nach Nepal fahren. Das enthusiastische Vertrauen ist demzufolge sehr inspirierend. Wir erleben, wie unsere noch schlummernden Fähigkeiten und Potenziale berührt werden, ausgelöst durch die Begegnung mit einem inspirierenden Menschen oder durch dessen Werk oder durch ein besonderes Erlebnis in der Natur. In der buddhistischen Tradition wird dieser erste Impuls als Motivationsschub für die eigene Praxis genutzt. Das kann auch bedeuten, dass wir uns begleiten lassen oder uns einer Lehrerin anvertrauen. Wenn uns eine Person berührt, dann geht es nicht darum, diese Person zu idealisieren oder einem blinden Glauben zu verfallen. Das geschieht nicht selten in hierarchisch strukturierten Schüler-Lehrer-Beziehungen (Guru-Prinzip).

Zweite Ebene des Vertrauens: das überprüfte Vertrauen

Begeistertes Vertrauen hält nicht an, und es ist vor allem wichtig, nicht darin stecken zu bleiben. Es muss in die zweite Qualität übergehen, das *überprüfte* Vertrauen. Der Buddha forderte dazu auf, alle Glaubenssysteme kritisch zu überprüfen. Das Überzeugende daran ist, dass er dabei sein eigenes Lehrgebäude nicht ausschloss. Nach der Buddhalehre lässt man mit der inneren Freiheit auch die Lehre und die Methoden hinter sich. Das heißt, die buddhistische Lehre überwindet sich selbst. Der Buddha hat dies mit einem Gleichnis verdeutlicht. Dazu stellen wir uns einmal vor, dass wir unterwegs sind und auf dieser Reise an einen Fluss kommen. Das Ufer, an dem wir uns befinden, ist voller Gefahren. Bei der Suche nach einem sicheren Ort entdecken wir, dass das andere Flussufer dieser sichere Ort ist. Aber wie kommen wir hinüber? »Kein Problem«, sagt der Buddha, »bau dir ein Floß und rudere damit an das gefahrlose Ufer.« Gesagt – getan. Nach einer abenteuerlichen Floßfahrt befinden wir uns auf der friedvollen Uferseite. Schleppen wir nun aus grenzenloser Dankbarkeit dieses rettende Floß auf unserem weiteren Weg mit uns herum? Oder lassen wir es zurück, da wir es nicht mehr brauchen? Die Antwort ist klar: So wie wir das Floß zurücklassen, lassen wir den Dharma als Lehre los, wenn wir die Freiheit erfahren haben.

Der Buddha warnte vor jeglichem Anhaften, auch dem Anhaften an der Lehre und an den Methoden. Sie sind Mittel zum Ziel, und an ihnen festzuhalten wäre absurd und leidvoll. Die Lehre ist erst einmal lediglich ein Konzept. Und die Freiheit von allen Konzepten bedeutet auch, frei zu sein von der Lehre, die uns zur Freiheit geführt hat. Wir sind dann eins mit dem universellen Gesetz.

Wie kam es zu dieser Radikalität? Die historische Situation war folgende: Das hinduistische, vorwiegend magisch-mythische

Weltbild hatte an Überzeugungskraft verloren. Vor allem die Jugend war aufgerüttelt, fühlte sich enttäuscht von den religiösen Praktiken, und auf der Bildfläche erschienen unzählige spirituelle und religiöse Strömungen. Natürlich fragten sich die Menschen, wem sie vertrauen könnten und folgen sollten. Der Buddha warnte, er war kritisch und gleichzeitig mitfühlend. Und so gab er nicht den Ratschlag: »Glaubt Guru A und nicht Guru B«, sondern er bot den Menschen eine Erkenntnispraxis an, der zufolge sie jeden Guru selbst überprüfen konnten. Er belehrte die Menschen und appellierte gleichzeitig an ihre Verantwortung. Diesen Schritt des Überprüfens müssen wir auch heute vollziehen. Warum? Unser Kleinkindanteil beharrt darauf, an die Hand genommen zu werden. Unser Lehrer soll uns führen und sagen, was richtig und falsch ist. Es ist der Teil in uns, der andere verehren möchte und alles Gute und Geniale nach außen projiziert. Dann trauen wir diesem Menschen eine Menge zu. Sie oder er steht nun für Liebe, Schönheit, Genialität, Vollkommenheit. Das Bequeme daran ist, dass wir selbst aus der Sache raus sind. Die spirituelle Lehrerin muss nun gut sein, mitfühlend und erleuchtet. Schwierig wird es, wenn die Lehrerin sich von diesen Idealisierungen beeinflussen lässt. Was geschieht, wenn wir von unserem Idealbild enttäuscht werden, wenn der Lehrer vielleicht nicht immer mitfühlend, nicht immer gerecht, nicht immer unverwirrt handelt? Auf einmal erkennen wir, dass der Lehrer selbst Probleme hat. Vielleicht hat er Essprobleme, oder er ist reizbar und intolerant. Dann stehen wir da, sind verunsichert, verärgert und wenden uns enttäuscht ab.

Im Grunde ist das ein Prozess, der im Umkreis vieler spiritueller Lehrerinnen und Lehrer stattfindet. Wichtig ist der Umgang damit – auf beiden Seiten. In dieser Phase werden wir darauf hingewiesen, dass wir lernen müssen, den Weg bewusst und voller Selbstvertrauen eigenständig zu gehen. Dazu brauchen wir neben der Fähigkeit, uns einer Lehrerin anzuvertrauen, auch die Kompetenz, Idealisierungen wieder zurückzunehmen und zu bearbeiten. Wir entwickeln ein stabiles Selbstwertgefühl, das uns auch dann noch erhalten bleibt, wenn sich der Lehrer als Mensch erweist. Vielleicht können wir unserem Lehrer zugestehen, dass er nicht vollkommen sein muss. Entscheidend ist, ob er für uns ein Lehrer ist, der uns auf dem Weg weiterbringt. Gleichzeitig brauchen wir ein Maß an Bescheidenheit. Denn wie können wir gewiss sein in unserem Urteil über einen anderen Menschen?

Es ist sinnvoll, von Zeit zu Zeit den eigenen Praxisweg zu reflektieren, die Fortschritte zu erkennen und anzuerkennen und dann herauszuarbeiten, in welchen Bereichen wir uns noch entwickeln können. Daraus entsteht Vertrauen. Und mit diesem Vertrauen können wir dem Selbstzweifel begegnen, wenn er wieder eine Gelegenheit findet, sich auszubreiten. Gelingt uns das, vertieft sich unser Selbstvertrauen. Wenn wir Fehler erkennen, können wir diese würdigen, denn wir lernen ja auch aus ihnen. Sie gehören zu unserem Wachstumsprozess dazu. Das überprüfte Vertrauen geht tiefer als das begeisterte und ist nicht so euphorisch, sondern ausgeglichener. Auf dieser zweiten Ebene vertieft sich das Vertrauen aufgrund und infolge des *weisen Erwägens*. Das heißt, wir nutzen unsere Intelligenz sowie unser Unterscheidungsvermögen als Werkzeuge und untersuchen unsere Erfahrungen.

Dritte Ebene des Vertrauens: das unerschütterliche Vertrauen

Überprüftes Vertrauen bedeutet, dass wir uns die Sache, die uns begeistert hat, zu eigen machen. Wir praktizieren, und als Wirkung wird das Vertrauen mehr und mehr zur Gewissheit. Das wiederum fördert unsere Hingabe an die Praxis. Das ist eine Art Rückkopplungseffekt. Wir investieren Vertrauen und gewinnen durch die tägliche Praxis mehr Vertrauen. Damit entsteht das sogenannte *unerschütterliche* Vertrauen. Das ist die umfassendste Form des Vertrauens. Es entsteht mit der Stabilisierung des reinen Gewahrseins und sich vertiefender Einsicht. Beim unerschütterlichen Vertrauen bleibt der Geist fest auf Transzendenz und Liebe ausgerichtet. Wer einmal den Rundblick von diesem Gipfel genossen und sich selbst als Teil tiefen Friedens erlebt hat, verliert den Zweifel an der Möglichkeit einer solch befreienden Sicht auf sich selbst und damit auf jegliche Existenz. Sind wir an der Quelle des unerschütterlichen Vertrauens angelangt, können wir jedem Leid begegnen.

7.
Willenskraft – ganz entspannt am Ball bleiben

Was ist mit unseren bequemen oder unbequemen, lieb gewordenen oder unliebsamen Gewohnheiten? Was wäre, wenn wir ihnen nicht mehr unterworfen wären? Diese Gewohnheiten sind unsere Fluchtmechanismen, die häufig dann einsetzen, wenn es ungemütlich wird: Vielleicht schalten wir den Fernseher ein oder trinken ein Glas Wein oder arbeiten bis zum Umfallen? Um uns von einer destruktiv gewordenen Gewohnheit zu befreien, brauchen wir zunächst eine starke Motivation. Die Erkenntnis, aus welchem Grund es für uns sinnvoll ist, sie zu überwinden, geht damit einher. Aber das alleine reicht nicht aus. Um uns aus der Abhängigkeitshaltung zu befreien, benötigen wir Willenskraft, eine konstruktive Disziplin. Ein Mensch ohne Disziplin, so heißt es, gleicht einem Menschen, der ohne Beine zu gehen versucht. (Trungpa 2000, Seite 40) Ohne Willenskraft ist Befreiung nicht möglich, denn wir lassen uns zu sehr von den zahlreichen Ablenkungen faszinieren. Auch um Großzügigkeit und Tugend in uns zu kultivieren, kommen wir nicht ohne Disziplin aus, ebenso brauchen wir sie für das Studium, für die Meditation und für das Achtsamkeitstraining.

Begriffe wie Disziplin und Willenskraft lösen bei uns häufig die Vorstellung aus, dass es anstrengend wird und ums *Zähnezusammenbeißen* geht. Das sind eher pubertäre Vorstellungen von Disziplin. Willenskraft ist keineswegs mit Druck und destruktiver Anstrengung verbunden. Ein energievoller Geist, der von seiner Aufgabe erfüllt ist, lässt sich von Begierden und Aversionen nicht mehr verführen oder ablenken. Kommen wir mit wunderschönen Bildern, verführerischen Düften, himmlischen Melodien, delikaten Aromen, inspirierenden Theorien, wohltuenden körperlichen Empfindungen in Berührung, können wir das wahrnehmen, ohne uns davon fesseln zu lassen. Wir folgen weiter entspannt und unbeirrt unserem Weg. Ebenso bleiben wir gelassen, wenn unangenehme Sinneseindrücke entstehen. Sind wir erfüllt von Willenskraft, können sie uns nicht dazu verleiten, uns in Widerständen zu verlieren. In diesem entschlossenen Ausgerichtetsein vertieft sich unser Vertrauen in die Praxis sowie auch unser Selbstvertrauen, weil wir uns und unserem Weg treu bleiben.

Haben wir einen Zugang zu unserer Willenskraft entwickelt, verringern sich gleichzeitig unsere Bequemlichkeit und Trägheit. Wir folgen einem Training, bis die Übung eines Tages selbst das Ruder übernimmt. Dann üben wir nicht mehr auf etwas hin, sondern in der Übung ist bereits das enthalten, worum es im Grunde geht. Aus tief sitzender Gewohnheit heraus haften wir an unseren Gedanken, unseren Emotionen, unserem Leiden und unserer Geschichte. Letztlich geht es bei der spirituellen Praxis um die Überwindung dieser Gewohnheit des Anhaftens. Wenn wir erkennen, wie schwer es ist, unseren Hang nach Süßigkeiten oder die Tendenz über andere zu tratschen aufzugeben oder unsere Trägheit zu überwinden, dann ahnen wir, was es bedeutet, eine Gewohnheit, die unsere Menschheit seit Jahrtausenden geprägt hat, nur ein wenig zu lockern. Deshalb wollen wir in kleinen Schritten gehen, Schritt für Schritt. Das ist die beste Garantie, ans Ziel zu kommen. Die spirituelle Praxis bewirkt in uns einen kontinuierlichen Reife- und Befreiungsprozess, und dieser wiederum bedarf einer produktiven Disziplin, ohne die wir auf dem Weg nicht weiterkommen. Wir müssen uns ja weder entwickeln noch der Weisheit verpflichten. Die Frage ist, ob in uns etwas entflammt ist, was sich diesem Prozess verschreiben möchte, und zwar mit Haut und Haaren. In diesem Fall werden wir in unsere spirituelle Übung genauso viel hineingeben wie in eine Liebesbeziehung oder in unseren Beruf. Warum sollte sich der spirituelle Weg mit weniger zufrieden geben?

- Was bist du bereit, auf deinem Weg zur inneren Freiheit zu investieren?
- Wie viel Zeit von deiner Lebenszeit möchtest du dafür geben?
- Wann hast du das letzte Mal über die Prioritäten in deinem Leben nachgedacht?

Verbohrter Wille und Willenskraft

Es geht nicht um die Fähigkeit zu begehren, zu wünschen oder zu wollen, wenn wir von Willenskraft sprechen. Das ist der verbohrte Wille, der mit unnachgiebigem Nachdruck will, wünscht und begehrt und sich auf das ersehnte Ziel versteift. Nicht so die Willenskraft. Begehren ist die Grundfessel, die für unser Leiden verantwortlich ist, und die Willenskraft ist die *befreiende* Antwort auf diese Grundfessel. In den Schriften wird gesagt, Willenskraft sei eine Art Hitze. Der Geist wird also *heiß*, wenn er von Willenskraft erfüllt ist. Diese geistige Hitze hat die Fähigkeit, geistige Blockaden, wie zum Beispiel Ablehnung, anhaftendes Begehren, Trägheit, Zweifel, Sorgen oder Unruhe, hinwegzuschmelzen. Diese Verdichtungen werden mit Feuchtigkeit verglichen. Das bedeutet, dass der Geist feucht, schwer und niedergedrückt ist, wenn keine Willenskraft vorhanden ist. Sayadaw U Pandita vergleicht diesen Geisteszustand mit einer Wolldecke, die im Regen gelegen hat und nun vor sich hinschimmelt. Ein Geist, der voller Willenskraft ist, löst die Feuchtigkeit sofort auf. Sie verdunstet. Kein Zweifel kann uns mehr überwältigen. (Sayadaw U Pandita 1999, Seite 136)

Der verbohrte Wille ist mit der Fixierung auf ein Ziel verbunden. Diese Fixierung macht den Geist starr, nervös und instabil. Willenskraft hingegen ist prozessorientiert und lässt sich auf das ein, was im Moment geschieht, ohne etwas Bestimmtes zu erwarten oder erreichen zu wollen. Gleichzeitig ist diese Willenskraft nicht ziellos, sondern ausgerichtet auf eine Einheit von Prozess und Ziel, die beide miteinander verschränkt sind. Zur Unterscheidung von befreiender Willenskraft oder Energie und eisernem Willen können wir einmal die Ebene der Körperempfindungen betrachten. Der eiserne Wille ist mit einem Druck im Körper verbunden, der sich als Kontraktion, Spannung in der Bauchgegend oder im Solarplexus zeigen kann. Aus dieser Anspannung handeln wir in der festen Vorstellung, sie auch zu benötigen, wenn wir uns durchsetzen wollen. Der Preis ist, dass wir uns damit auch eine Art Starrheit, Unbeweglichkeit und Härte einhandeln. Dieser festgefahrene Wille will, dass etwas besser wird, als es jetzt ist, und er bedeutet Kontrolle. Wir wollen das Geschehen kontrollieren. Mit Willenskraft erfahren wir ein Gefühl des Vertrauens, bei dem wir uns nicht anspannen müssen. Mit der Anspannung kann Angst verbunden sein, die uns daran hindert, spontan zu sein. Und so wird gesagt: Der zielorientierte Wille ist emotional mit Angst verbunden, auf der Körperempfindungsebene mit Kontraktion und Härte, die Willenskraft dagegen mit Vertrauen sowie einem Gefühl der Offenheit und entspannter Wachheit. Mit etwas Übung lernen wir, ganz entspannt am Ball zu bleiben. So erfahren wir sukzessive die vier Ebenen der Willenskraft:

- *Anfängliche* Willenskraft bedeutet, dass wir uns aufmachen. Da entstehen in uns die ersten Impulse, aktiv zu werden, und es gelingt uns auch, über eine gewisse Strecke *am Ball* zu bleiben.
- Bei der *befreienden* Willenskraft haben wir gelernt, nicht aufzugeben, wenn es schwierig wird. Wenn wir kontinuierlich

wach und ausgerichtet bleiben und die befreiende Willenskraft sich etabliert, dann wird der Geist infolge seiner Beharrlichkeit frisch, kräftig und klar.
- Von hier aus nimmt die Energie zu und wandelt sich zur *beharrlichen* Willenskraft. Damit kann uns fast nichts mehr aufhalten.
- Die *erfüllende* Willenskraft ist so kraftvoll und unerschütterlich, dass sie uns zur Freiheit durchdringen lässt, bis hin zum Nirvana, wenn es um den meditativen Prozess und die spirituelle Praxis geht.

> **Kannst du unterscheiden, ob in dir die Willenskraft oder eher ein fixierter Wille aktiv ist?**

Gelingt es uns, diese beiden Kräfte zu unterscheiden, so sind wir einen großen Schritt weiter und können uns getrost auf schwierige Situationen einlassen, denn unsere Entschluss- und Willenskraft wird uns durch diese Strecken hindurchbringen. Manchmal, wenn es anstrengend wird, brauchen wir Aufmunterung und Inspiration. Das kann ein Buch sein, ein Gespräch mit einer Freundin oder einem Freund, einer Lehrerin oder einem Lehrer. Es wird unser Leben erleichtern, wenn wir mit dieser Fähigkeit Willenskraft spielen können, sie uns sozusagen *auf Abruf* zur Verfügung steht.

Willenskraft bedeutet, es läuft wie von selbst

Sind wir von Willenskraft erfüllt, läuft unsere spirituelle Praxis wie von selbst. Wir bleiben dran und vertrauen auf den Prozess, was immer wir tun. Verfassen wir zum Beispiel etwas, dann schreiben wir ohne Unterlass Wort für Wort; sind wir unterwegs, gehen wir Schritt für Schritt. Das bedeutet entspannte Gegenwärtigkeit, die durch eine Übung entsteht, die keine Übung mehr ist, sondern reines Sein im Tun. Ganz gleich, ob wir als Therapeutin andere Menschen begleiten, als Schriftsteller einen Text verfassen, als Köchin eine Mahlzeit zubereiten, als Schreiner einen Tisch bauen, als Mutter unser Kind trösten. Willenskraft bedeutet, wir bleiben von Augenblick zu Augenblick aufmerksam und wach und lassen uns auf den Erfahrungs- und Erkenntnisprozess ein, indem wir bewusst wahrnehmen und erforschen, was wir erleben. Das erhöht nach und nach unser Energieniveau, und wir fühlen uns psychisch gestärkt. Es ist wie auf einer Bergwanderung. Auch dort gibt es Momente, in denen wir glauben, keinen Schritt mehr gehen zu können. Dann überwinden wir diesen Widerstand und gehen doch noch einen Schritt und noch einen, und dann – unverhofft – haben wir wieder Kraft für einen weiteren Kilometer. Auf dem Gipfel angelangt, sind wir glücklich und erfüllt, und die Anstrengung des Aufstiegs ist vergessen. Bei der nächsten Wanderung verfügen wir schon über mehr Energie, und nach und nach können wir die ganze Strecke genießen. Vielleicht erklimmen wir höhere Berge, denn wir wissen, wie wir schwierige Passagen durchstehen können: indem wir nicht aufgeben und uns für das *Hindurch* entscheiden. Unser Geist wird mit diesem Training nach und nach stark und kraftvoll.

Auch bei der Meditation brauchen wir einen Zugang zur Willenskraft, denn unsere Gewohnheit lässt uns auch hier ständig abschweifen und umherirren. So geraten wir nach und nach in einen nebulösen Zustand, fühlen uns unausgeglichen, erschöpft, was ein ausgezeichneter Boden für Angst und Zweifel aller Art ist. Sich aus einem solchen Zustand zu befreien ist eine Heldentat. Wir müssen uns wirklich einen Ruck geben. Diese Kraft – auf Pali *Viriya* – wird als »Zustand heroischer Menschen« beschrieben. Es handelt sich um eine wirklich existenzielle Fähigkeit, die uns hilft, unser Unglücklichsein zu überwinden.

»Aufgrund eines Ereignisses erkrankte ich von heute auf morgen an einer Angststörung, die so existenziell war, dass ein psychiatrischer Klinikaufenthalt nötig wurde. Während mein Leben zusammenbrach, hielt ich an zwei Konstanten fest: der täglichen Meditationspraxis und dem Wissen darum, dass diese Angst und diese Krise auch eine Chance in sich bergen.
Ein- und Ausatmen, tausend Gedanken erkennen, benennen, loslassen, darin konnte ich erfahren: Ich bin nicht nur die Angst. Und selbst wenn mir die Angst buchstäblich die Luft nahm, im Wahrnehmen dessen, was ist, wurde Erweiterung spürbar. Meditations- und Achtsamkeitspraxis waren der Angelpunkt, von dem aus ich mich dem Sein wieder und wieder öffnen konnte: Sowohl für Erfahrungen, die geboren werden wollten, als auch für Fragen wie: Wofür steht die Angst wirklich? Wobei hilft mir die Angst? Letztlich war es ein Prozess von über einem Jahr, an dessen Ende eine Entscheidung stand, mit deren Umsetzung die Angst verschwand, wie sie gekommen war.«

Meditation – vor allem die Ruhemeditation (*Samatha*) – kann den Geist außerordentlich stark mit Willenskraft aufladen. Gepaart mit Achtsamkeit wird der Geist zunehmend klarer, kraftvoller, und er erkennt immer genauer, wie Phänomene entstehen und vergehen und dass es nichts Bleibendes gibt. Ein solcher Geist verliert sich nicht in Gedanken und Emotionen und bleibt frei von Anhaftungen.

- Mache dir bewusst, auf welchem Level auf einer Skala von schwach und labil bis stark und stabil deine Willenskraft gerade ist.
- Bist du wach und frisch bei der Sache? Energievoll und enthusiastisch?
- Wenn nicht, welchen Zustand erfährst du?

8.
Eine Hommage an die Achtsamkeit

Die buddhistische Praxis legt in ihrem Geistestraining großen Wert auf die Ausbildung der Achtsamkeit, denn die Geistesqualität der Achtsamkeit und die Erfahrung von Glück hängen unmittelbar zusammen. Der Buddha sagt sinngemäß: »Wer achtsam ist, der wächst im Glück.« Über die geistige Fähigkeit der Achtsamkeit verfügen wir alle. Bei ganz alltäglichen Handlungen sind wir automatisch achtsam. Wir müssen zum Beispiel achtsam sein, wenn wir eine Zwiebel schneiden, um uns dabei nicht zu verletzen. Das nennen wir die alltägliche Achtsamkeit. Bei der spirituellen Achtsamkeit gehen wir einen Schritt weiter. Dann beginnen wir, die Zwiebel wirklich *bewusst* zu schneiden, und lassen alle Gedanken und Konzepte, mit denen wir uns gewöhnlich neben Routinehandlungen beschäftigen, fallen. In diesem Moment wird das Schneiden der Zwiebel zur wichtigsten Sache.

Achtsamkeit ist ungeteilte Aufmerksamkeit. Dabei geht es nicht mehr darum, *was* wir tun, sondern eher darum, *wie* wir es tun. Es ist die Fähigkeit, genau hinzuschauen und bewusst, mit Respekt und voller Würde, elegant, leicht und entspannt zu handeln. Ob wir ein Brot schmieren, etwas unterschreiben, telefonieren oder uns die Zähne putzen. Achtsamkeit ist eine Lebenskunst. So betrachtet bekommt die Übung Schönheit. Wenn wir Glücksmomente bei einem Sonnenuntergang oder bei einer köstlichen Mahlzeit erleben, so ist es weder der Sonnenuntergang noch sind es die Speisen, die uns das Glück bescheren, sondern es ist *die Art und Weise* unserer Aufmerksamkeit. Der

Grad unserer Aufmerksamkeit und die Möglichkeit, diese beständig aufrechtzuerhalten, sind Ursache für unser Glücksempfinden.

Wir erfahren mit der Achtsamkeitspraxis, dass wir häufig Glück, Zufriedenheit oder Gelassenheit erleben können. Dazu müssen wir jedoch unsere Tendenz zur ständigen Beurteilung überwinden. Den Zustand stabiler Gegenwärtigkeit nennen wir auch *urteilsfreies Gewahrsein*. Das buddhistische Geistestraining ermöglicht uns, diese geistige Fähigkeit von Augenblick zu Augenblick zu stabilisieren. Achtsamkeit beendet unsere geistige Zerstreutheit.

- Wann warst du das letzte Mal halbherzig bei einer Sache?
- Wie oft am Tag gehst du von hier nach dort, ohne den Weg selbst zu erfahren?
- Wann hast du zuletzt bewusst einen Teller geleert, jeden Bissen wahrgenommen und gespürt, was beim Essen in dir vorgeht?
- Wie oft am Tag bist du bei einer Tätigkeit in Gedanken versunken und merkst nicht, was du tust?

Wir können sogar lesen, ohne zu lesen. Aus dieser Trance können wir erwachen. So wie Siddhartha Gotama, der nach seiner Befreiung der Buddha genannt wurde, was der Erwachte bedeutet. Achtsamkeit ist immer dann vorhanden, wenn wir Momente des bewussten Gegenwärtigseins erleben. Wenn wir achtsam sind, dann erleben wir alles intensiver und unmittelbar. Die Wiese erscheint in einem satten Grün, eine Rosine ist süß, die Sonne wärmt, und der Wind streichelt über unser Gesicht.

Der Tag war glücklich.
Der Nebel fiel früh herab, ich hatte im Garten zu schaffen.
Die Kolibris rasteten an der Blüte des Kaprifoliums.
Es gab in der Welt kein Ding, das ich hätte haben wollen.
Ich kannte niemanden, den ich beneiden müsste.
Was Böses geschehen war, hab ich vergessen.
Ich schämte mich nicht zu denken, ich sei, wer ich bin.
Ich spürte keinerlei Schmerz im Leibe.
Aufgerichtet sah ich das blaue Meer und die Segel.
CZESLAW MILOW

Achtsamkeit verankert uns, sodass wir uns sicher fühlen. Diese Sicherheit entsteht dadurch, dass wir das Hier und Jetzt unmittelbar erfahren. Damit verlassen wir die Ebene, auf der wir in Gedanken bereits in der Zukunft oder noch mit dem Vergangenen beschäftigt sind. Wir leben im Grunde häufig knapp an der Realität vorbei. Nicht gegenwärtig fühlen wir uns verloren, getrennt und schnell verwirrt. Bewusst zu leben bedeutet, den gegenwärtigen Moment zu erleben. Achtsamkeit ist keine Anstrengung, sondern wir geben im Gegenteil die Anstrengung auf, indem wir achtsam sind. Es ist ein Sich-hinein-Entspannen, ein Sich-Loslassen in den Augenblick, es geht um Weichheit statt um Druck. So ist die Achtsamkeit immer mit der freundlichen Aufforderung verbunden, ins Hier und Jetzt zurückzukehren. Was ist *Jetzt*? Und dann der nächste Augenblick … und der nächste … Klares Bewusstsein und reines Gegenwärtigsein kommen hier zusammen. Jede Tageszeit kann zu einem solchen Moment werden, jeder Augenblick, in dem wir atmen. Achtsamkeit praktizieren wir bei alltäglichen Dingen, zum Beispiel beim Öffnen und Schließen einer Tür, beim Setzen und Aufstehen, beim Telefonieren, Einkaufen, Spülen, Saubermachen, Essen.

Achtsamkeit kann jedes Engagement in unserem Alltag betreffen, sei es beruflicher, sozialer oder politischer Art. Durchdringt die Achtsamkeit immer mehr unseren Alltag, dann wird unser Leben erfüllter, intensiver und glücklicher. Ein achtsames Leben zu führen bedeutet, das persönliche Leben bewusst wahrzunehmen.

Oftmals bringt uns ein plötzliches Geschehen in den Augenblick, in das Gegenwärtigsein, in die Präsenz, zum Beispiel ein Schmerz oder eine unliebsame oder auch liebsame Überraschung. Vielleicht halten wir die Intensität dieses Augenblicks nicht aus, weil wir es nicht gewohnt sind, so unmittelbar mit dem Erleben verbunden zu sein. Stattdessen sind wir meistens ein wenig auf der Flucht, und damit vermeiden wir den direkten Kontakt mit der Wirklichkeit. Eine Schülerin schildert anschaulich den Unterschied zwischen Achtsamkeit und Tagtraum:

> »Ein Berg Kartoffeln türmt sich vor mir auf. Es ist der letzte Morgen eines Retreats, und ich komme mir sehr heroisch vor: Sechs Tage lang habe ich selbstlose Hilfe geübt, jetzt werde ich der Köchin zeigen, wie man achtsam Gemüse schneidet. Und wie effizient. Ich werde schnell wie ein Profi sein, ich werde ... ein Schnitt in den Finger reißt mich aus diesen Fantasien zurück in die Gegenwart. Hier gibt es nur das Schälen und Zerkleinern, das Gefühl der rauen Schalen, das klappernde Geräusch des Messers ... und für ein paar Momente gebe ich mich ganz diesem Erleben hin, bis zum nächsten Tagtraum ...«

Manchmal entsteht Achtsamkeit spontan durch eine Krise, zum Beispiel durch den Verlust eines nahestehenden Menschen, einer Arbeitsstelle, von etwas, von dem wir glaubten, es sicher zu haben. Krisensituationen schleudern uns gewissermaßen in die Gegenwart. Alles zieht sich in einem unmittelbaren Erleben des *Jetzt* zusammen. Das ist *ein* Grund, weshalb Krisenzeiten das Wachstum fördern können. Achtsamkeit führt nicht nur zu Präsenz und ist nicht nur eine Qualität, die unseren Alltag bereichert, sondern sie bildet vor allem eine Grundlage für die Möglichkeit tiefer Einsicht in die körperlich-geistigen Phänomene.

Einsicht entsteht durch Meditation, und Achtsamkeit ist die Voraussetzung dafür, meditieren zu können. Wenn wir Achtsamkeit einüben, festigen wir gleichzeitig unseren Gleichmut. Taucht zum Beispiel ein Schmerz in uns auf, können wenige Augenblicke der Achtsamkeit uns wieder ins Gleichgewicht bringen. Der Schmerz verschwindet zwar nicht, aber er bekommt eine andere Färbung, da wir nicht gänzlich dem Schmerz verhaftet sind. Vielmehr sind wir inmitten unseres Seins fest verankert. Diese Erfahrung wiederum bringt Vertrauen in unseren Geist und damit Leichtigkeit und Freude. Haben wir Achtsamkeit als einen Weg heraus aus Verwirrung und Schmerz erlebt, dann wächst unser Selbstvertrauen, das so weit gehen kann, dass wir für die Irritationen in unserem Leben sogar dankbar sind.

Schwierigen Situationen müssen wir nicht mehr mit Abwehr begegnen, denn dadurch wird es nicht leichter – im Gegenteil. Wir wissen, dass wir nun eine Möglichkeit haben, einen Perspektivenwechsel vorzunehmen, der aufzeigt, wie wir schwierigen Situationen begegnen und diese als Lernsituation nutzen können.

Achtsamkeit ist eine Beschützerin – sie beschützt uns davor:
- verloren zu gehen in Vergangenheit oder Zukunft;
- unbesonnen zu reagieren;
- uns selbst unglücklich zu machen;
- das Leben zu verpassen oder zu verschlafen.

Achtsamkeit ist unsere beste Freundin:
- denn sie ist immer da, wenn wir sie brauchen;
- sie hilft uns, weise zu handeln;
- sie unterstützt uns in vielerlei Hinsicht dabei, in unser Leben hinein zu erwachen;
- sie fördert unsere Qualitäten und Fähigkeiten;
- sie bewirkt, dass wir unser Glück nicht mehr an der falschen Stelle suchen.

II.

Schwierige Wegstrecken meistern

9.
Die Kunst des Scheiterns

»Es ist nicht zu übersehen«, seufzte der heilige Felice von Catalice: »Wir beide werden verehrt.« »Für Heilige hält man uns«, antwortet düster der heilige Filippo Neri. Und er packte seinen Freund am Ärmel. »Felix, wir müssen etwas tun!« Arm in Arm, wie zwei alte Wermutsbrüder, sind sie dann durch Rom getorkelt. Von Kirche zu Kirche, Unfug treibend, unanständige Lieder singend – allen Frommen zum Skandal. Unten dann am Tiber, wo sie ihren Rausch ausschliefen, hat Filippo Neri seinen Freund beglückt in die Arme geschlossen: »Felix, das war deine beste Idee. Jetzt kommt bestimmt niemand mehr auf die Idee, uns beide als Heilige zu verehren.« Aber es hat nicht geholfen, das Volk hat sie doch für Heilige gehalten.
NERI in: Zander 1991

Mit der Entscheidung, einen spirituellen Weg zu gehen, lassen wir uns auf einen langwierigen Transformationsprozess ein. Das ist den wenigsten Menschen bewusst. Das Modell vom kontinuierlichen Fortschritt ohne Irritationen, ohne Zweifel oder Stagnation entspricht dem westlichen Zeitgeist und ist tief in unserem Denken verankert. Doch Frustrationen sind Teil des Prozesses, und wir werden das Tal des Zwiespalts und der Verwirrung öfter als einmal durchqueren. Zu Beginn des Weges haben viele Praktizierende einschneidende Erlebnisse tiefen Glücks und durchdringender Einsicht. Genau diese Erfahrungen motivieren uns, die spirituelle Praxis in unser Leben zu integrieren. Wir erwarten, dass unser Dasein nach und nach leichter, heller, gleichmütiger und gelassener wird, und wir warten auf weitere einschneidende Erfahrungen, beglückende Einsichten und besondere Erlebnisse, je nachdem, was unsere Tradition als *besonders* beschreibt. Doch was ist, wenn diese Erlebnisse im Laufe der Praxis ausbleiben? Wer hat nicht gewisse Ahnungen oder vielleicht sogar Wissen darüber, was es zu erlangen gilt? In den Schriften gibt es ausreichend Darstellungen über erwachte Menschen, und wir glauben zu wissen, welche Fähigkeiten sie auszeichnen.

Wir meinen, der Weg bringe uns relativ einfach und schnell zum Ziel, indem wir nur die gelernten Methoden richtig anwenden und damit Schritt für Schritt vorwärts gelangen. Wir erwarten eine ideale und lineare Entwicklung, bei der Enttäuschungen und Krisen als Versagen wahrgenommen werden. Doch gibt es viele Möglichkeiten, auf unserem spirituellen Befreiungsweg in die Irre zu gehen. Die meisten von uns werden das früher oder später selbst erleben. Die Frage ist, wie wahrhaftig wir bei unserer Übung bleiben, um unmittelbar wahrzunehmen, was ist. Die Übung kann nicht davor haltmachen, auch das Scheitern unserer Ideale wahrzunehmen. Was wir dabei gewinnen, ist unsere Ganzheit, indem wir die verdrängten Anteile aus ihrem Schattendasein befreien.

- Gehst du durch alles hindurch, was dir auf dem spirituellen Weg begegnet, oder bist du auf das Ziel fixiert?
- Was meinst du zu bekommen bei der spirituellen Praxis?
- Was bedeuten Erwachen oder Erleuchtung für dich?
- Wie oft am Tag gelingt dir etwas und bist du glücklich und zufrieden?
- Wie oft am Tag geht dir etwas daneben und bist du dann enttäuscht? Das müssen keine großen Vorfälle

sein: Vielleicht hat der Tee heute Morgen zu lange
gezogen, oder die Milch ist angebrannt.
- Wie sieht das Resümee deiner Praxis aus? Bist du
  damit einverstanden?

Eventuell befinden wir uns auch zurzeit in einer Lebensphase, in der wir das Gefühl haben, dass alles gegen uns ist und schiefläuft. Und damit ist sofort die Idee verbunden, dass wir irgendetwas falsch gemacht haben oder grundsätzlich etwas nicht stimmt. Das ist vor allem dann der Fall, wenn wir bereits eine gewisse Zeit auf dem spirituellen Weg sind. Wie stehen wir zu diesen Phasen? Schätzen wir sie? Wahrscheinlich eher nicht. Wer wünscht sich schon, im Leben zu scheitern, zu versagen oder sich zu blamieren? Die meisten von uns haben Angst zu versagen, ob in der Liebe, im Beruf, in privaten Beziehungen oder auf dem spirituellen Weg. Kein Mensch wünscht sich negative Erfahrungen. Was aber, wenn das Versagen genauso kostbar wäre wie das Gelingen? Wenn es vielleicht in bestimmten Phasen unseres Transformationsprozesses sogar das Kostbarste überhaupt wäre?

Wir leben in einer Gesellschaft, die uns nur wenig Spielraum lässt, wenn es um Erfolg geht: Wir müssen gesund, jung, schlank, fit, leistungsstark, durchsetzungsfähig und konsumfreudig sein. Alle diese Ideale bieten zahllose Möglichkeiten zu versagen. Viele von uns wollen sich diesen Leistungsnormen widersetzen, doch der Erfolgsdiskurs wird uns täglich neu vermittelt und ist tief in uns verankert. Wir leben in einem Umfeld, in dem zusehends sogar der Tod als Versagen ausgelegt wird. Wenn wir krank werden, so heißt es, haben wir falsch gelebt oder gedacht und nicht auf uns geachtet. Wenn wir älter geschätzt werden als wir sind, schämen wir uns. Wenn unser Hund *neurotisch* ist, sind wir natürlich daran schuld. Nicht selten kommen Menschen genau aus diesen Spannungsfeldern heraus in Berührung mit einem spirituellen Weg, der Freiheit vom Leiden und stattdessen Glück, Gelassenheit und Weisheit verheißt. Das hört sich nach Erlösung von der alltäglichen Anstrengung, dem gesellschaftlichen Druck und den menschlichen Tiefgängen an. Wir alle wollen zufrieden und glücklich sein. Daran ist nichts auszusetzen. Vielleicht hegen wir sogar den Wunsch nach Erwachen oder Erleuchtung. Oder wir verwerfen dieses hohe Ziel für uns und wollen einfach nur weniger Probleme, mehr Ruhe und mehr Leichtigkeit haben. Dann beginnen wir mit der Übung, bekommen die ersten Anweisungen zur Meditation und lesen spirituelle Bücher. Wir können durchaus erkennen und zugeben, wie verwahrlost unser Geist ist, und gleichen das mit unserem *Anfänger-Enthusiasmus* schnell wieder aus.

Die Jahre vergehen, in denen wir meditieren, Retreats besuchen und Texte lesen. Und dann, nach fünf, zehn oder fünfzehn Jahren, wie sieht es da aus? Sind wir da, wo wir hin wollten? Was ist mit der Gelassenheit, der Weisheit, der Freiheit? Was ist mit unseren Ängsten, unseren Depressionen, unseren Aggressionen? Viele von uns, die den buddhistischen Weg gehen, unterliegen der Vorstellung eines beständigen Fortschritts auf dem spirituellen Weg, der uns zu immer klarerer Präsenz, anwachsendem Mitgefühl, tieferer Ruhe und Einsicht führt. Vielleicht kennen wir die Stufenmodelle der meditativen Vertiefungen (*Jhanas*) und der Einsichtspraxis (*Vipassana-Jhanas*). Da steht doch fest, wie die Entwicklung Schritt für Schritt gelingt. Doch was ist mit der *dunklen Nacht der Seele*? Erfuhr die nur Johannes vom Kreuz, der spanische Mönch, der im 16. Jahrhundert lebte und über die schwierigen Seelenzustände fortgeschrittener Mystikerinnen und Mystiker schrieb? Sind wir heute davon verschont? Was ist, wenn wir den erwünschten Fortschritt nicht feststellen können? Wenn die Ausbeute weitaus kleiner ist oder vielleicht ganz anders als erwartet aussieht?

Wo sind wir gelandet?
Worum geht es eigentlich?

Was ist, wenn wir einerseits diese wunderbaren spirituellen Erlebnisse von Präsenz, von Raumunendlichkeit und tiefer Wesensschau erfahren? Und andererseits die alltäglichen Ärgernisse, Zweifel und Widerstand kein Ende finden? Wenn wir nach Jahren intensiver Praxis genau zwischen zwei Stühlen sitzen: Den einen Stuhl, den weltlichen, wollen wir nicht mehr besetzen, den anderen, den überweltlichen, können wir noch nicht besetzen. Was läuft da falsch? Es mag trösten zu hören, dass jede und jeder Praktizierende an solche Punkte gelangt, oder noch vielmehr: dass diese Entwicklungskrisen notwendiger Teil des Weges sind. Ein Mittel, das uns in diesen Abgründen wieder in Bewegung versetzen kann, sind Erfahrungsberichte und Texte, in denen von Widersprüchen und Zerrissenheit die Rede ist. Belegt und erfahren von Menschen, die sich auch auf einem spirituellen Weg befinden, und besonders horchen wir auf, wenn es sich um angesehene Lehrerinnen und Lehrer handelt.

Eine hilfreiche Geschichte vom Scheitern erzählt uns Ram Dass. Er beschreibt, wie er als spiritueller Lehrer darauf fixiert war, etwas Besonderes zu sein und einem Ideal zu entsprechen. Das Ideal seiner spirituellen Szene war, *immer gut drauf zu sein*. Also war er *immer gut drauf*, lächelte viel und war sehr wohlwollend. Er spielte die Rolle des heiligen Mannes perfekt. Den Rest kehrte er unter den Teppich. Er nannte diesen Umstand *vertikale Schizophrenie*, und das sah dann etwa so aus: »Ram Dass setzte sich vor eine Gruppe von Leuten, schaute in die Welt – und natürlich liebte er alle und wollte nichts für sich. Dick Alpert (sein bürgerlicher Name) hingegen zählte nach, wie viele zu seinem Vortrag gekommen waren.« (Ram Dass 1995, Seite 105) Doch eines Tages kam die Wende. Er erkannte seine Heuchelei und dass er einen hohen Preis gezahlt hatte, um die ersehnte Anerkennung zu bekommen. Er hatte die Anteile seines Selbst verleugnet, die nicht zum Ideal eines spirituellen Lehrers passten. Doch diese Anteile waren damit nicht verschwunden, sondern brachten ihn in tiefe Depressionen, wenn er allein war. Niemand durfte davon wissen. Er glaubte, wenn er nur intensiv genug seine spirituelle Übung vollzöge, würden diese schwierigen Persönlichkeitsanteile schon verschwinden. Aber sie verschwanden nicht. Er steckte fest.

Wie ging es nun weiter? Der erste Schritt hinaus aus aller Verwirrung ist das Erkennen. Diese Erfahrung machte auch Ram Dass. Er erkannte mit seinem ganzen Wesen sein Menschsein, was das Scheitern mit einschließt. In der Folge begab sich Ram Dass, selbst Professor für Psychologie, in Psychotherapie – allerdings nicht ohne dabei insgeheim zu denken, dass *er* dem Therapeuten noch etwas beibringen könne. Erfahrungsberichte wie diese können uns wieder aufrichten und unseren Blick für das Reale weiten. Wir brauchen sowohl Texte und Berichte, die das Ideal zum Schwingen bringen, als auch Menschen mit Mut, die ihr Versagen und Scheitern offenlegen und derart eine heilsame Inspiration in Gang setzen. Der Gipfel ist – aller Vorstellungen zum Trotz – nicht kostbarer als die Wegstrecke, auf der wir uns gerade befinden.

Tausend Möglichkeiten, zu versagen und Freiheit zu erfahren

Wir können auf jedem Gebiet unseres Lebens versagen: in der Liebe, im Beruf, im Alltag und auch auf unserem spirituellen Weg. Welchen Stellenwert geben wir den Misserfolgen? Wie ist das mit den Idealen? Geschieht es vielleicht öfter, als wir meinen, dass sich Menschen in ihrer Vorstellung, dem Ideal zu dienen, kräftig überstrecken? Und wie steht es mit den Gefühlen der Enttäuschung und des Versagens? Halten wir diese Gefühle möglichst geheim? Ziel und Weg einer spirituellen Praxis ist es, das Leben aufrecht zu leben, so wie es jetzt ist, und sich dabei nicht zu verbiegen. Die spirituelle Reise ist ein Abenteuer und keine Pauschalreise. Wir können den Weg und unsere Entwicklung nicht planen und vorausschauend gestalten. Denn das ist ein Widerspruch zur spirituellen Praxis. Freiheit gewinnen wir nur, indem wir aufhören, das Leben und damit uns und andere zu manipulieren. Die universelle Formel für alle spirituellen Sucherinnen und Sucher lautet: Du wirst den Schatz da finden, wo du es am wenigsten erwartest – inmitten deiner Menschlichkeit. Und das ist da, wo du stolperst, dich blamierst und versagst. Die Wahrheit ist paradox. Die Weisen sagen: Wir können genau da in unsere Mitte finden, wo wir eben noch haltlos umhergeirrt sind.

Diese Zeilen sind eine Art Liebeserklärung an unsere Fähigkeit zur Integrität und Authentizität. Sie sind eine Aufforderung zur rückhaltlosen Selbsterkenntnis und Selbstakzeptanz bis hin zur Integration aller Erfahrungen. Nur wenn wir alle Anteile in uns integrieren, können wir Freiheit erfahren. Aus Krisenerfahrungen können wir neu hervorgehen, indem wir uns eingestehen, dass wir den Idealen niemals gerecht werden können, nicht denen anderer Menschen, nicht den eigenen, nicht den weltlichen und schon gar nicht den überweltlichen. Die vielen unvermeidlichen Misserfolge auf unserem Weg zum Erwachen schleifen nach und nach unsere Arroganz, unsere Eitelkeit und unsere Überheblichkeit ab. Wir gehen *zu(m) Grunde* und dürfen uns von der Vorstellung verabschieden, perfekt sein zu müssen. Unser Problem ist nicht das Versagen, sondern das Verhaftetsein an Konzepten – wie dem, dass wir eines Tages in dieser oder jener Weise vollkommen sein werden.

Sobald wir Ideale als richtungsweisend sehen, wenden wir uns zu hundert Prozent dem Weg beziehungsweise unserem Unterwegssein zu und begreifen Augenblick für Augenblick, worum es dabei geht: aufmerksam zu sein bei allem, was immer sich zeigt. Auf diese Weise können wir erkennen, dass wir beim

Scheitern reifen. »Das Leben ist ein permanentes Scheitern. Wenn es ein gutes Leben ist, dann scheitern wir auf immer höherem Niveau«, soll der ehemalige Freiburger Theaterintendant H. J. Ammann einmal gesagt haben. Wir durchlaufen im Kontext eines spirituellen Weges einen Heilungsprozess. Dazu sollten wir unsere Verletzlichkeit und Berührbarkeit wahrnehmen. Da, wo unser Herz gebrochen ist, dürfen wir nicht aufhören. Das zerbrochene Herz ist in vielen Märchen und Mythen ein Symbol für den Weg hin zur Liebe und zum Mitgefühl.

> Wenn du wissen möchtest, was du zu integrieren hast, dann kannst du dir einmal folgende Fragen stellen:
> - Wie gehst du mit deinem Scheitern und Versagen um?
> - Was verheimlichst du?
> - Was magst du nicht an dir?
> - Was willst du auf alle Fälle auf dem spirituellen Weg loswerden?

Die zentrale Frage lautet: Willst du dich auf den Weg machen, um auch der Scham, der Schwäche oder dem Versagen zu begegnen? Falls ja, dann brauchst du Mut, Durchhaltevermögen und Humor. Unsere Fluchtmechanismen sind vielfältig. Wie wichtig Humor ist, veranschaulicht eine Schülerin im folgenden Erfahrungsbericht:

> »Nach einem Retreat bin ich eingesponnen in einen Kokon aus Wohlwollen und Harmonie. Alles fällt so leicht, und die fünf Tugendregeln einzuhalten scheint die natürlichste Sache der Welt. Doch im Alltagsstress wird die schützende Hülle porös. Das alte Schwarz-Weiß-Denken, die alten Gewohnheitsmuster sickern ein. Und je mehr sich die Leichtigkeit verflüchtigt, desto stärker marschieren Konzepte, Vorsätze und Ideale auf. Sie

tragen Etiketten wie ›du musst‹, ›du darfst auf keinen Fall‹, ›nie wieder‹ und ›immer‹ und fordern rigoros Gehorsam ein. Bevor es richtig ungemütlich wird, trete ich die Flucht an – in den alten Schlendrian, wo ich erkenne, dass ich mich überfordert habe. Wie wär's jetzt mit kleinen Schritten und einer Prise Humor?«

Wenn wir uns in unserer Praxis an ein Ideal verloren haben, geraten wir irgendwann in Not, und unser Ideal wird zusammenbrechen – und das ist gut so. Das passiert allen Praktizierenden, auch spirituellen Lehrerinnen und Lehrern. Ob sie zweimal täglich oder gar nicht meditieren, spielt hierbei keine Rolle. Wir können viel aus solchen Versagensprozessen lernen. »Nur der Arzt, der selbst verwundet ist, kann heilen.« (Griechische Weisheit, zitiert in: Stutz 2003, Seite 25)

Die entscheidende Perspektive: Integration ist Überwindung

Je höher unsere Ansprüche sind, wie wir sein müssten, um vor uns selbst und anderen zu bestehen und respektiert zu werden, desto weniger werden wir geneigt sein, in Kontakt mit dem, was ist, zu gelangen. Einen Befreiungsweg zu gehen bedeutet, wir befreien auch unsere Schattenseiten, unsere dunklen Seiten, unsere Dämonen oder wie immer wir die ungeliebten Anteile unseres Selbst nennen. Wir unterdrücken und verheimlichen sie nicht mehr. Sie brauchen Raum zum Atmen. Und so lautet die Anweisung – am Anfang, in der Mitte und am Ende unseres Weges: wahrnehmen, annehmen und akzeptieren, was ist. Es bedeutet, die eigene Unvollkommenheit anzunehmen, denn das führt zur Freiheit. Letztlich können wir nur gewinnen, wenn wir die Dämonen integrieren, statt sie zu unterdrücken oder zu verdrängen. Warum? Weil wir nur auf diese Art in Kontakt mit der Wirklichkeit kommen. Im Grunde stehen uns nur so intensives Glück, Freude und Zufriedenheit zur Verfügung. Gelingt uns das, sind wir in Einklang mit uns und wahrhaftig. Authentizität ist unmöglich ohne diesen Integrationsprozess, der sich nicht nur auf dem Meditationskissen zeigt, sondern vor allem im Alltäglichen – darin, wie wir lieben, wie wir Abschied nehmen, wie wir mit Krankheiten umgehen, mit Erfolg oder Versagen im Beruf. Was machen wir mit dem Neid auf andere, mit der Sehnsucht nach einem Kind, die erst aufkam, als es zu spät war? Und wie ist es mit dem vermeintlich banalen Kampf gegen die Schnecken im Garten? Sehr anschaulich beschreibt das eine Schülerin:

> »Ich bin eine freundliche Gärtnerin. Den zwei sich begattenden Schnecken unter einem Laubblatt lasse ich ihren Schutz. Das frische, gläsern schimmernde Gelege einer Nacktschnecke unterm Moospolster bezaubert mich. Warum wird meine Freundlichkeit nicht belohnt? Müssen sie sich in die Irisblüten setzen? Die Stängel anfressen, sodass die armen Blumen nicht einmal zum Blühen kommen? Widerlich! Ich werde sie jetzt gnadenlos bekämpfen: heißes Wasser, Schere, Gift. 121 Stück heute morgen, 86 abends. Es ist schrecklich, es ist nicht lösbar. Ich brauche Regeln. Mordregeln? Ich frage meine Meditationslehrerin: ›Also‹, sagt sie ›wenn du einen Buddha umbringst, ist es schlimmer …‹«

Die Schule des Scheiterns

Viele von uns leben in Widersprüchen: Einerseits würden wir gerne im Kloster leben, andererseits spüren wir, dass wir unser Leben in Beziehungen im weltlichen Alltag zu meistern haben mit wirklich allem, was dazugehört. In welchen Spannungsfeldern stehen wir, und wie lösen wir sie auf? Die alten Werte und Verhaltensmuster tragen nicht mehr, weil wir uns entwickelt haben, aber die neuen sind noch nicht wirklich errungen und tragen noch nicht. So verlieren wir den Halt, schwanken hin und her, stolpern und sind verwirrt. Wie können wir diese Teilstrecke bewältigen? Wie kommen wir durch diese Krise hindurch? Wie können wir uns von der Sitzfläche des einen zu der des anderen Stuhls bewegen?

Dies gelingt nur, indem wir die konflikthafte Situation und gleichzeitig das Ziel, zu dem wir uns hinbewegen, anerkennen. Diese Anerkennung ersetzt das Verhaftetsein. Bleiben wir mit den alten Werten verhaftet, stecken wir fest. Frei werden wir, wenn wir dieses Verhaftetsein auflösen. Wir akzeptieren als ersten Schritt die Vorstellung, dass wir zwischen zwei Stühlen sitzen. Dann wenden wir uns genau dem Bereich zu, von dem wir uns entfernen wollen, dem Bereich, der dunkel und schambefleckt ist, unseren Niederungen. Mutig nehmen wir den Schatten ganz an, ohne erneut anzudocken. Der pubertäre Teil in uns will es schön bequem haben, und zwar so oft wie möglich. Der erwachsene Teil weiß, dass Leben Wandlung bedeutet, es durchaus öfter unbequem werden kann und es gilt, im Spannungsfeld zwischen den beiden Polen Frustrationstoleranz zu entwickeln. Spirituelles Erwachsensein bedeutet, dieses Spannungsfeld zuzulassen, um letztendlich zu erkennen: Hier ist kein Gegensatz. Wir sind vollkommen *und* gleichzeitig unvollkommen. Erkennen wir das, erleben wir pure Lebendigkeit durch unmittelbares Offensein in jedem Augenblick, ganz gleich, was wir erfahren und erkennen. Das ist die Freiheit der Erwachten.

Wir besuchen die Schule des Scheiterns, in der wir auch die Narren und Clowns finden. Clownsfiguren bei Naturvölkern und Stammesgesellschaften, etwa bei den Hopi und auch bei den Tibetern, haben eine zentrale Funktion bei heiligen Riten und Ritualen. Sie *stören* das heilige Ritual, springen wild herum, verstoßen gegen die Regeln des Ritus und bringen die Teilhabenden zum Lachen. Sie sind respektlos und machen selbst vor dem Heiligsten nicht halt. Damit Rituale nicht starr und hohl werden, verweist der Clown durch sein Auftreten auf die gesamte Realität und somit auf das Eigentliche und Wesentliche einer umfassenden Spiritualität.

Wer oder was versagt hier eigentlich?

In einem japanischen Sprichwort heißt es: »Fällst du siebenmal um, so stehe achtmal wieder auf.« Sobald wir uns erlauben, zu scheitern, erkennen wir, wie sehr wir uns bis dahin angestrengt haben, nicht hinzufallen, sondern gut aufzufallen. Was bedeutet Versagen, und wer oder was versagt? Letztendlich versagen unsere Vorstellungen und Erwartungen. Wir haben gewisse ideale Konzepte für unsere Entwicklung, und wenn diese nicht zutreffen, haben wir versagt. Wir glauben, dass es gut ist, wenn wir erfolgreich sind, und schlecht, wenn wir versagen und unglücklich sind. Also versuchen wir, das Versagen möglichst von unserem Leben fernzuhalten. Das betrifft jedoch mindestens die Hälfte unseres Lebens. Integrieren wir nicht diese Hälfte, dann leben wir nur halb. Wie können wir das ganze Leben gewinnen? Die Antwort finden wir in der spirituellen Praxis. Doch leider nehmen wir allzu oft unsere *ver-rückten* Ansichten mit auf den spirituellen Weg.
Verdeutlichen wir uns das an einem Beispiel: Was ist, wenn wir in der Liebe versagen? Diejenige Liebe, die versagen kann und versagen wird, ist die weltliche Liebe, bei der wir einen konkreten Menschen lieben und zurückgeliebt werden wollen. Wer von uns ist nicht schon einmal in einer Liebesbeziehung heftig gescheitert? Diese Erfahrung bricht einem das Herz. Jedoch kann uns spirituell gesehen gerade dieses gebrochene Herz zu einer Art von Liebe befähigen, die frei von der Fixierung auf einen bestimmten Menschen ist. Wenn wir leiden, kann diese andere Liebe in Form von Mitgefühl auftreten. Inmitten des Schreckens des Verlassenwerdens und der Angst vor Einsamkeit

kommen wir plötzlich, für einen Augenblick, in Berührung mit einer existenziellen Sehnsucht nach Freiheit und Liebe. Wenn wir den Schmerz wirklich zulassen können und genau hinspüren, können wir erkennen: Es ist nicht die Sehnsucht nach Liebe zu diesem konkreten Menschen, sondern die Sehnsucht nach Liebe, die frei von Anhaften ist – die mystische Liebe, die bedingungslose Liebe, die Liebe an sich. Wenn wir solches erfahren – inmitten eines tiefen Schmerzes – kann uns das derart berühren, dass wir zu Mitgefühl und Weisheit erwachen.

Freiheit bedeutet, dass wir uns auf alles einlassen können, ohne Ausnahme und ohne Ausgrenzung. Erinnern wir uns an die Ausstrahlung weiser Menschen, an Menschen, die integer sind, wie Thich Nhat Hanh oder Ayya Khema oder den Dalai Lama. Thich Nhat Hanh und der Dalai Lama mussten und müssen das Leiden ihres Volkes miterleben. Mit all der Ungerechtigkeit, Gewalt und Folterung. Ayya Khema war Jüdin und hat den Holocaust überlebt. Diese Menschen haben viel Leid erfahren müssen. Ihr Geheimnis ist, dass sie die Fähigkeit haben, sich von Leid tief berühren zu lassen. Der Dalai Lama scheut sich nicht, öffentlich Tränen zu vergießen, wenn er mit großem Leiden in Berührung kommt, und gleichzeitig umhüllt ihn eine Aura der Akzeptanz und Liebe. Das soll keineswegs bedeuten, dass wir nur durch Leiden glücklich sein oder Liebe erfahren können, sondern es bedeutet lediglich, dass traurige oder verzweifelte Lebensphasen genauso viel Wertvolles enthalten wie glückliche. Auch aus glücklichen Situationen und Lebensphasen können wir lernen, doch wenn wir ehrlich sind, verbringen wir diese glückliche Zeit, indem wir sie genießen. Aufmerksam und motiviert, tiefer zu schauen, sind wir meist nur dann, wenn es uns schlecht geht. Freiheit bedeutet, dass wir es mit den schmerzhaften Situationen ebenso aufnehmen wie mit den freudvollen.

Schließlich geht es bei unserer spirituellen Praxis darum, jahrzehntelang bei jedem und allem ganz bewusst zu sein. Dann erkennen wir nach und nach, wie wir uns ständig unter Druck setzen, selbst im Versuch, uns zu entspannen, wie tief unser Kontrollbedürfnis sitzt, wie sehr wir gegen uns selbst ankämpfen und dass es letztendlich keine andere Möglichkeit gibt, als in die Knie zu gehen und zu kapitulieren, den Schmerz zuzulassen und keine Lösung parat zu haben. Ein bedingungsloses Ja zu allem, was wir erfahren, ist möglich, wenn wir vertrauen, dass wir in etwas gegründet sind, das größer ist als all der Schmerz, als all unser Wünschen und Wollen. Sind wir voller Erwartungen, Pläne und Vorstellungen, dann können wir nicht wahrnehmen, spüren oder erkennen, was das Leben für uns bereithält. Wahrscheinlich laufen wir auf diese Art sogar an dem Frosch vorbei, den wir nur hätten zu küssen brauchen.

10.
Eine alte Lehre respektieren und die eigene Kultur nicht verleugnen

Viele von uns kennen die Geschichte von Siddhartha Gotama, der vor etwa 2500 Jahren unter dem Bodhibaum erwachte. Nach seinem Erwachen wurde er der Buddha genannt. Die existenziellen Wahrheiten, die er erkannt hatte, vermittelte er von da an den Menschen seiner Zeit im Norden Indiens, wo er lebte. Nach seinem Tod wurde die buddhistische Lehre überliefert und bis in unsere Tage hinein erhalten. Sie ist eine außerordentlich genau beschriebene Landkarte geistiger Entwicklung. Die Buddhalehre ist komplex, tief und gibt darüber Auskunft, was wir durch die meditativen Übungen erleben können und wie Leiden entsteht und überwunden werden kann. Natürlich befinden wir uns nicht alle am gleichen Standort, wenn wir den buddhistischen Weg beschreiten, und wir hören und lesen die heiligen Texte auch nicht von einem absoluten Standpunkt aus, sondern von dort aus, wo wir uns in unserer Bewusstseins- und Persönlichkeitsentwicklung ganz konkret befinden.

Was müssen wir berücksichtigen, wenn wir heute, zu Beginn des 21. Jahrhunderts, nach den Anweisungen der buddhistischen Lehre praktizieren? Was geschieht mit der Lehre – die einer anderen Kultur und historischen Zeit entstammt – und was geschieht mit uns, wenn wir sie in unser gegenwärtiges Leben integrieren?

Eine Richtung der Meditation sieht vor, dass wir den Geist erst einmal sammeln und zur Ruhe bringen. Den meisten von uns fällt es jedoch schwer, den Geist zur Ruhe zu bringen, denn die geistigen Blockaden stehen im Vordergrund. Das weist uns darauf hin, dass wir zweifellos auf der Ebene des Geistes Heilung benötigen. Dazu passt, dass sich der Buddha selbst als *Arzt* und die Lehre mit ihren Methoden als *Medizin* bezeichnet hat. Diese Heilung des Geistes betrifft zwei Ebenen unserer Existenz: die persönliche und die spirituelle. Im asiatischen Kulturkreis zielte die Praxis vorwiegend auf die spirituelle Dimension. Wir, die wir in der westlichen Kultur im 21. Jahrhundert praktizieren, müssen zweigleisig fahren: Einerseits brauchen wir einen Zugang, der die Entwicklung der Persönlichkeit mit einbezieht. Und andererseits gilt es, die buddhistischen Methoden zu nutzen, um eben diese Persönlichkeit zu transzendieren und die Grundlage dafür zu schaffen, mit den universellen Wahrheiten eins zu werden. Bei der Entwicklung und Verwirklichung der Persönlichkeit geht es darum, ein ausgeglichener und authentischer Mensch zu werden. Beim Transzendieren der Persönlichkeit handelt es sich um das Erleben von reinem Gewahrsein, unendlichem Raum, bedingungsloser Zuneigung, grenzenlosem Mitgefühl und einer klaren Sicht auf die Dinge, wie sie in einem natürlichen Rhythmus entstehen und vergehen. Freiheit erfahren wir durch die Integration dieser beiden Dimensionen.

Die zwei Dimensionen des Befreiungsweges

Auf unserem Weg zur Annäherung an einen voll entwickelten und verwirklichten Menschen haben wir heute im Westen die Aufgabe, uns auf beiden Ebenen zu entwickeln – der psychologischen und der spirituellen, der persönlichen und der universellen. Daher ist meine Einzelbegleitung in den Retreats von Beginn an immer anders gewesen als ein nüchternes, unpersönliches, rein methodisches Interview, wie es zum Beispiel bei asiatischen Vipassana-Lehrern üblich ist. Es geht in einem Dialog um die Erfahrungen, die die Praktizierende zum einen in der

Meditation und zum anderen bei der Verrichtung alltäglicher Arbeiten macht. Gemeinsam schauen wir sie uns an und fragen, wie diese – im Kontext des buddhistischen Praxisweges – einzuordnen sind und welche Methoden sich zur weiteren Übung eignen. Bei fortschreitender Entwicklung und Einsicht können die Berichte sich auch mehr und mehr auf die unpersönliche Erfahrung körperlich-geistiger Phänomene beziehen. Unser Geist ist kein unbeschriebenes Blatt, wenn wir mit der buddhistischen Lehre in Berührung kommen. Er ist durch die kulturellen Werte und herrschenden Normen unserer Zeit geprägt, und im Rahmen dieser Werte und Normen entwickeln wir unser persönliches Temperament und unseren Charakter. Wir haben uns zudem einen theoretischen Standpunkt in vielen Bereichen der Gesellschaft und Politik erarbeitet.

- Wer waren und sind deine geistigen Mütter und Väter?
- Welche philosophischen, politischen und psychologischen Strömungen haben dich angeregt und liegen demzufolge deinen Meinungen und Ansichten zugrunde?
- Welche Methoden der Selbsterfahrung und -erkenntnis haben dich bei deiner Entwicklung unterstützt?

Sowohl der westliche als auch der buddhistische Zugang zur Erkenntnis verändern unseren Blick auf die geistige Entwicklung und ihren Kontext. Erst wenn beide zusammenwirken, können wir sowohl die Persönlichkeit als auch die spirituelle Dimension unserer Erfahrung vertiefen und das gesamte Spektrum integrieren. Dazu gibt es zahlreiche Vorbilder und neuere Ansätze, denn mit dem Streben nach Integration stehen wir nicht allein da. In der Literatur finden wir ausreichend Material, das aufzeigt, wie die buddhistischen Lehren westliche Wissenschaftler beeinflusst haben, darunter Philosophen wie beispielsweise Arthur Schopenhauer und Psychologen wie Erich Fromm. Insbesondere da, wo westliche Männer und Frauen das Lehrsystem weitergeben, wird bei den Interpretationen der Lehren und ihrer Methoden der Einfluss moderner Psychologie und Philosophie deutlich, wie zum Beispiel bei Jack Kornfield, Han de Wit und Sylvia Wetzel.

Durch die Meditationspraxis werden wir nicht nur an *eine* Blockade unseres Geistes kommen, denn unsere geistigen Beengungen zu erkennen, zu erforschen und zu transformieren ist der Sinn buddhistischer Übung. Vielleicht erkennen wir als ein Beziehungsmuster die Angst vor Nähe. Vielleicht werden uns die Schwierigkeiten beim Umgang zum Beispiel mit Aggressionen bewusst. Vielleicht erkennen wir, wie wir mit Bedürfnissen umgehen – dass wir etwa nicht *Nein* sagen können. Es stellt sich die Frage, ob wir einen Abstand zu den Erfahrungen einnehmen, Achtsamkeit aufbringen und Mitgefühl mit uns selbst haben können. Ist das nicht der Fall, dann bedeutet das eine starke Fixierung auf den und Identifikation mit dem Konflikt. Dann ist es hilfreich, beispielsweise psychotherapeutische Hilfe anzunehmen. Weder wir noch der buddhistische Weg haben dann versagt, sondern wir wählen nur ein weiteres geschicktes Mittel für unsere Heilung. Der spirituelle Weg kann uns zwar zu den höchsten Bewusstseinszuständen führen, aber er bietet nur begrenzt Lösungen für unsere psychischen Störungen. Wie Therapie den spirituellen Weg ergänzen kann, schildert eine Schülerin:

>»In den ersten Retreats weinte ich viel auf dem Kissen. Ich war überwältigt, was da alles an Gefühlen hochkam und auch sein durfte. Ich fühlte mich beschützt, fand Geborgenheit in der Gruppe, im Schweigen und auch in den Einzelgesprächen. Trotzdem wurde es deutlich für mich, dass es sinnvoll ist, mit meiner persönlichen Geschichte an einen anderen Ort zu gehen,

an dem auch wirklich der Raum war, sie zu erzählen und zu fühlen. Ich habe parallel dazu meine Meditationspraxis weitergeführt, und beides hat sich sehr gut ergänzt. Ohne die Therapie wäre ich noch viel mehr in meinen Emotionen gefangen geblieben. Nun lerne ich, meine inneren Bilder und Gedanken als solche zu erkennen, mir bewusst zu werden, durch welche Brillen ich schaue und woher sie in meinem persönlichen Leben stammen. Ich werde mir meiner Schwächen und Stärken bewusster und versuche weniger, sie durch eine Art aufgesetzter Heiligkeit zu unterdrücken.«

Für einige Menschen, die sich auf eine spirituelle Praxis eingelassen haben, scheint es schwer zu sein, sich psychotherapeutisch helfen zu lassen. Denn es gibt die weit verbreitete Ansicht, dass, wenn wir einmal auf einem spirituellen Weg angekommen sind, wir über alle anderen Mittel erhaben seien. Aber wir bringen einem Arzt ja auch nicht unser Auto, wenn es reparaturbedürftig ist, nur weil er uns bei einer Grippe geholfen hat. Einer der wenigen populären spirituellen Lehrer, der sich öffentlich dazu bekannte, sich zu einer Psychotherapie entschlossen zu haben, ist Ram Dass. Solche Wahrhaftigkeit ist viel zu selten. Oft glauben spirituelle Lehrerinnen und Lehrer, dass sie immer gut drauf sein müssten, nie Widerstand zeigen dürften, immer mit allem, was geschieht, einverstanden sein sollten und nichts für sich selbst brauchen dürften.

Wir können aus all dem schließen, dass sich für den buddhistischen Selbsterkenntnis- und -befreiungsweg im Westen die moderne Psychologie als Theorie und die vielfältigen Methoden der Psychotherapie als hilfreiche Mittel anbieten. Sie unterstützen und klären den Zugang zu einer Lehre, die von selbstlosem Altruismus und bedingungsloser Liebe spricht und davon, dass ein aus sich selbst heraus existierender Wesenskern nicht vorhanden ist. So können Begriffe und Methoden des Lehrgebäudes sowie Erfahrungen mit der Praxis im Kontext unseres kulturellen Wissensstandes geklärt werden. Je nachdem, welchen Schwerpunkt wir für unsere spirituelle Praxis wählen, müssen wir auch andere Wissenschaftsbereiche integrieren. Zum Beispiel Politik-, Wirtschaftswissenschaften und Soziologie bei einem sozial engagierten Buddhismus oder Theorien der westlichen Philosophie bei einer geistigen Durchdringung bestimmter Themen des Lehrgebäudes. Wir können das Wissen unserer Zeit nicht unberücksichtigt lassen, wenn es um eine umfassende Befreiung gehen soll.

Gemeinsam tragen wir die Verantwortung für eine heilsame Übertragung, in der die Essenz der alten Lehren im Kontext einer respektvollen Besinnung auf die eigenen kulturellen, religiösen und philosophischen Werte gewahrt werden kann.

11.
Ansichten über sich selbst zulassen und wieder auflösen

Aus psychologischer Sicht brauchen wir ein stabiles, gesundes Ich, damit wir unser Leben und unsere Beziehungen meistern können. Darauf zielt auch der buddhistische Praxisweg. Dieser weist jedoch darauf hin, dass das nur möglich ist, wenn wir über die begrenzte persönliche Dimension unserer Existenz hinauswachsen. Also nicht die Sorge um die Stabilität eines Ich und das damit verbundene Selbstbewusstsein versprechen letztendlich Freiheit und Sicherheit, sondern die Einsicht in die universelle Dimension unserer Existenz.

Zur Entwicklung der Ich-Identität

Identität meint das Erkennen und Bejahen der eigenen Unverwechselbarkeit. Entwicklungspsychologisch betrachtet beginnt die Identitätsbildung bereits im Säuglingsalter und wird durch einen Prozess der Interaktion mit Menschen und Dingen erworben, indem wir uns identifizieren oder abgrenzen. Aus diesem Prozess gehen wir mit einer Identität beziehungsweise Persönlichkeit hervor, die uns durchs Leben leitet. Aus buddhistischer Sicht unterliegen wir alle in diesem Prozess der Identitätsentwicklung einem folgenschweren Missverständnis. Wir vergessen nur allzu leicht in dieser Gewissheit, uns von anderen zu unterscheiden, dass wir gleichzeitig weder getrennt noch unabhängig von ihnen existieren. Das trennende Selbstgefühl wird im Verlauf unserer Identitätsentwicklung immer weiter bestätigt, indem wir uns mit unseren Gedanken, Gefühlen und Wahrnehmungen identifizieren. Dem Erfahrungsstrom wird permanent durch Identifizierung dieses *Ich* hinzugefügt wie ein Stempel, der allem aufgedrückt wird, oder wie der Duft eines Räucherstäbchens, das die Luft durchdringt.

Wir gehen aus diesem flüchtigen Wahrnehmungsprozess mit einer verfestigten Ich-Identität hervor, einer Vorstellung von einem unveränderlichen *Ich* inmitten des Erlebens und Erfahrens. Und diese Vorstellung wird durch Anhaftung immer weiter angereichert und verdichtet. Diese Anhaftung bezieht sich auf die zahlreichen Rollen, die wir im Verlauf unseres Lebens einnehmen, sowie die vielfältigen Meinungen und Ansichten, die wir vertreten. Und letzlich haften wir vor allem an der Ansicht, dass wir als eine unveränderliche Einheit existieren, getrennt von allem anderen. Und genau in dieser Annahme werden wir auch von anderen bestätigt, die der gleichen begrenzten Sichtweise unterliegen.

Und was soll überwunden werden, damit wir frei sein können?

In buddhistischen Zusammenhängen wird häufig von einer *Nicht-Ich-Lehre* gesprochen. Dabei entsteht oft der Eindruck, *Ich* sei nur eine Illusion, in Wirklichkeit gebe es ja gar kein Ich. Gemeint ist dabei, dass es keinen festen, unveränderbaren Wesenskern gibt, sondern dass sich das, was wir als *Ich* erleben, ununterbrochen verändert, ein psychophysischer Prozess ist, der sich nicht fixieren lässt. Das bedeutet jedoch nicht, dass wir nun davon reden könnten, dass es uns als Wesen mit einer Identität nicht gäbe. Die ganze buddhistische Lehre vom Karma, die eng mit Ethik verbunden ist, betont vielmehr, dass wir für all das, was wir denken, reden und tun, verantwortlich sind. Und das setzt genau das voraus, was wir *Ich-Identität* nennen. Worum es in der buddhistischen Praxis geht, ist die Aufhebung einer Ich-Fixierung, die versucht, aus diesem Prozess, den wir als *Ich* erleben, etwas Festes zu machen und das dann für den Mittelpunkt der Welt zu halten. Danach sind wir das Subjekt, und alles andere ist Objekt unserer Wahrnehmung, unserer Wünsche und Abneigungen. In der buddhistischen Praxis wird nicht die gesunde, integrierte Selbstwahrnehmung aufgelöst, die mit einem stabilen Selbstvertrauen verbunden ist. Das wäre absurd. Es geht vielmehr darum, einen frischen und befreienden Blick auf diese Ich-Identität zuzulassen, um tiefer zu schauen und zu erkennen, *wer wir wirklich sind*, indem wir das Gespaltensein überwinden und in die Weite und Offenheit des reinen Gewahrseins zurückkehren.

Dazu müssen wir uns auf eine andere Bewusstseinsebene begeben, indem wir uns einmal an Momente erinnern, in denen wir ganz und gar selbstvergessen waren. Vielleicht war das beim Musizieren, beim Aufenthalt in der Natur, beim Kochen oder beim Sex. Haben wir uns in diesen Momenten unsicher gefühlt oder vielleicht Angst empfunden? Im Gegenteil, es waren Augenblicke tiefer Zufriedenheit, Erfülltheit und Geborgenheit. Vereint mit dieser Erfahrung, erleben wir bewusst Weite und Offenheit. Das ist die Ebene des reinen Gewahrseins. Weder das Ich noch das Selbst werden vernichtet, sondern es geht lediglich um eine andere Perspektive auf das, was ist. Beide Ebenen haben ihre Berechtigung und ihren Sinn. Es ist wie bei der Betrachtung eines Autos. *Auto* ist der Sammelbegriff für die Kombination bestimmter Teile, die dann Auto genannt wird. Auto selbst gibt es nicht bei den Einzelteilen. Genauso verhält es sich mit dem *Ich*. Es ist lediglich ein Sammelbegriff für einen Prozess, für dieses körperlich-geistige Kontinuum, das wir sind. Und genau diese Sicht wirkt befreiend. Deshalb erhalten wir auf unserer gesamten spirituellen Lebens- und Praxisstrecke immer wieder die Anweisung: Löse die Identifizierung mit dem Körper, mit den Gedanken, mit den Gefühlen und mit den Bewusstseinszuständen auf. Und erkenne, dass nichts davon *mein* ist oder *mir* gehört – es sind lediglich Phänomene und Prozesse, die entstehen und wieder vergehen.

Wenn wir Einsicht in diese Prozesse gewonnen haben, ist es nicht sinnvoll, von sich selbst als einem *unpersönlichen Prozess* zu sprechen. Es gibt eigenwillige Konstrukte, die Ausdruck einer Distanzierung von der Ich-Vorstellung sein sollen, aber auch zu Missverständnissen anregen. Ein Lehrer zum Beispiel hatte sich angewöhnt, mit dem Zeigefinger auf die eigene Nase zu tippen und dann von *diesem Mönch* zu sprechen, wenn er etwas über sich selbst aussagen wollte und somit nicht mehr *Ich* sagen musste. Nochmals: Wir benötigen und nutzen unsere Identität weiterhin, um gut und verantwortungsvoll durchs Leben zu kommen, haften aber nicht mehr an ihr und können so die Ebene des reinen Gewahrseins erleben.

Das Erwachen zur Realität

Nichts an uns ist verkehrt, nur die Sichtweise, der Blick auf das, was wir immer schon waren, ändert sich durch die buddhistische Praxis. Wenn wir die persönliche Dimension unseres Daseins einmal in den Hintergrund treten lassen und die spirituelle beziehungsweise universelle Dimension unserer Existenz wahrzunehmen beginnen, erkennen wir:

Niemand sitzt in uns drin.

Aus der Ich-Perspektive und der Vorstellung einer unabhängigen Existenz sehen wir die Wirklichkeit nie, wie sie ist, sondern immer alles in Bezug auf uns selbst. Wir sehen uns als das Zentrum, um das sich alles drehen soll. Und mit dieser Ich-Vorstellung sind wir vorwiegend auf den eigenen Vorteil bedacht. Diese Sichtweisen begrenzen und verwirren unsere Erfahrungs-

und Erkenntnismöglichkeiten. Aus der Nicht-Ich-Perspektive können wir das erkennen und uns entsprechend verändern.

Alles, was existiert, ist fließend und flüchtig, auch wir selbst.

Alle Phänomene bewegen und ändern sich fortwährend wie das Fließen eines Stromes. Ein Stein auf der Erde *fließt* einfach nur langsamer als ein Eiswürfel in der Sonne. Jedes Phänomen, das entstanden ist, löst sich wieder auf. Wir Menschen verkörpern ebenso diesen natürlichen Vorgang.

Wir existieren nicht getrennt von anderen Lebewesen, sondern verbunden und in wechselseitiger Abhängigkeit.

Wir sehen mehr und mehr sowohl die Prozesshaftigkeit unserer Existenz als auch die gegenseitige Bedingtheit jeglicher Existenz. Das bedeutet zu erkennen, dass alles miteinander verbunden ist und ununterbrochen wechselseitig aufeinander einwirkt.

Je mehr wir an der Persönlichkeit anhaften, festhalten und auf sie fixiert sind, desto weniger erfahren wir die befreiende Sicht. Die Frage: »Wer bin ich?« können wir nur aus der Perspektive unserer selbstbezogenen Identität beantworten. Und das bedeutet, wir haben den Bezug zu unserer *wahren Natur* verloren. Dann sind wir auf ein mentales Konzept bezogen und halten es für die Realität. Anhaftung loszulassen bedeutet, ein unbegrenztes Wahrnehmen von uns selbst zuzulassen. Wir sind, was wir vorher auch schon waren, und vielleicht erkennen wir uns das erste Mal wahrheitsgetreu und echt, verbunden, durchlässig und offenen Geistes.

Mit Meditation können wir uns selbst erforschen, und wir erkennen uns auf eine neue Weise unmittelbar als diesen Prozess, der wir sind und dem wir einen Namen geben wie Brigitte oder Klaus. Auch fügen wir diesem Prozess unterschiedliche

Aufgaben und Rollen hinzu, ohne uns dabei vorzustellen, die Rollen bekleideten eine *feste, statische Person*, die sie einnimmt. Unsere Vorstellung der Existenz einer statischen Person löst sich auf, die Rollen bleiben jedoch in ihrer Dynamik bestehen. Was wir vor allem als befreiend erfahren, ist ein Gefühl der Geborgenheit und Verbundenheit. Eine Geborgenheit im Sein, weil wir in der Realität angekommen sind und die Wirklichkeit sehen, wie sie ist. Wir funktionieren frei von der Begrenzung, die durch das Ich-Konzept entsteht. Dazu gehört, dass wir uns selbst – so wie wir geworden sind – tolerieren und akzeptieren. So können wir in Frieden mit uns selbst leben. Und ein Mensch, der mit sich selbst in Frieden lebt, wirkt auch friedvoll nach außen.

12.
Schönes schläft im Schatten –
vom weisen Umgang mit Emotionen

Im Kontext einer spirituellen Praxis gibt es grundlegende Irritationen im Umgang mit den Emotionen. Das liegt vor allem daran, dass wir unsere Gefühlswelt in zwei Hälften spalten. Da sind einerseits die Gefühle, die wir mögen, wie zum Beispiel Freude, Liebe und Geborgenheit, und andererseits die Gefühle, die wir nicht mögen und zum Teil auch fürchten, wie zum Beispiel Angst, Scham, Schuld, Neid, Einsamkeit, Verbitterung und Nörgelei. Wir haben viele Möglichkeiten, diesen schwierigen Gefühlen zu entgehen, zum Beispiel durch Fernsehen, Lesen, Essen, Trinken, Putzen, Dösen oder Telefonieren. Auch das Meditieren wird irrtümlich dazu genutzt, Unangenehmes nicht mehr fühlen zu müssen. Sind wir jedoch nicht sehr trainiert, erfahren wir auch bei der Meditation genau das, vor dem wir eigentlich flüchten wollten. Wie reagieren wir darauf? Mit Widerstand. Wir beginnen zu kämpfen und tun das, was wir immer tun. Wir kämpfen gegen alles an, was unseren Erwartungen zuwiderläuft. Wir haben es nicht anders gelernt und kennen es auch nicht anders.

Wenn wir dann hören, dass auf dem spirituellen Weg die schwierigen Emotionen transformiert werden, kann die Vorstellung aufkommen, dass es darum gehe, eines Tages keine mehr zu haben. Die Gefahr ist, dass wir beginnen, schwierige Emotionen zu verdrängen und sie vor uns selbst und anderen gegenüber zu leugnen. Formulierungen die darauf verweisen, dass diese Emotionen *Hindernisse* auf dem Weg sind oder *Verunreinigungen im Geist*, können uns auf eine falsche Fährte locken.

Allzu leicht führen diese Begriffe zu einer feindlichen Haltung diesen Bewusstseinszuständen gegenüber. Unsere Probleme rühren jedoch nicht daher, *dass* wir zum Beispiel Ärger empfinden, sondern daher, dass wir nicht wissen, *wie* wir mit dem Ärger konstruktiv umgehen können. Nicht der Ärger – die schwierige Emotion – ist das Hindernis, sondern unsere Reaktion auf die Emotion entscheidet, ob wir leiden oder daran reifen.

Wie können wir damit umgehen, wenn sich Ärger ausbreitet, Wut aufbricht, Eifersucht oder Angst uns überrollen? Wie können wir diese Verunsicherung im Umgang mit unseren Emotionen handhaben, wenn es darum geht, die Gefühlsenergie in Weisheitsenergie umzuwandeln? Hier ist wieder die Perspektive wichtig, aus der wir wahrnehmen. Es handelt sich bei unseren Interventionen im Umgang mit diesen geistigen Zuständen um die Reinigung festgefahrener Emotionen und um das Verflüssigen erstarrter Reaktionsmuster. Niemals aber sollen die Emotionen abgeschafft werden. Im Laufe meiner eigenen spirituellen Entwicklung bin ich ziemlich oft in Richtung *Abschaffung* gelaufen. Aber gerade durch diese Umwege und Missverständnisse habe ich viel gelernt und erkannt, wie wichtig es ist, ehrlich mit sich zu sein und sich nichts vorzumachen. Immer wieder müssen wir zur Realität zurückfinden. Das bedeutet, weder etwas wegzulassen von dem, was wir gegenwärtig erfahren, noch etwas hinzuzufügen. Wenn wir etwa wütend sind, dann erkennen wir diese Wut an. Was ist, wenn wir uns einsam fühlen? Dann ist da Einsamkeit. Von dieser unmittelbaren Begegnung mit einer Emotion berichtet eine Schülerin:

»Ich bin empört! Meine Nachbarin im Meditationskurs hat sich doch tatsächlich auf meinen Platz gesetzt! Ich könnte sie umbringen, diese Person! Hitze! Ich koche und spüre die heiße Energie vom Kopf bis in die Fingerspitzen. Und dann muss ich lachen, als ich erkenne: Nichts würde sich ändern, wenn ich sie umbrächte. Die Wut ist in mir. Es gibt keinen Sündenbock dafür.

Da ist einfach eine fließende, heiße Energie, wenn ich sie nicht festhalte. Wow! Auf einmal spüre ich diese Kraft in mir, und Freude breitet sich aus.«

Emotionen sind Regungen des Geistes, die sowohl Reaktion als auch treibende Kraft sind. Sie sind Energie in Bewegung. Eine spirituelle Praxis, die auf innere Freiheit ausgerichtet ist, lehrt uns, dass unsere Leidenschaften Weisheit besitzen. Wir können somit unsere Emotionen als Werkzeuge zu unserer Befreiung nutzen.

Schwierige Emotionen verantworten und transformieren

Wenn wir motiviert sind, die schwierigen Emotionen zu transformieren, dann brauchen wir erstens Geduld und zweitens eine beharrliche Disziplin. Konkret bedeutet es, dass wir entschlossen sind, nicht mehr von der Läuterung unseres Geistes abzuweichen. Entstehen destruktive Gedanken und in der Folge heftige Emotionen, üben wir geduldige Nachsicht, sind aufmerksam, integrieren, was sich abspalten will, und verstärken nichts, was uns oder andere verletzen könnte. Die alten Muster sind hartnäckig und bereit, sich immer wieder durchzusetzen. Wenn wir uns jedoch einem Transformationsprozess verschrieben haben, wollen wir die befreienden Methoden bei einem Eifersuchtsanfall ebenso anwenden wie auch da, wo sich jemand die Freiheit nimmt, uns zu ignorieren, oder wo wir aufgeregt wahrnehmen, dass uns jemand beschimpft. Die spirituelle Antwort kommt immer aus dem Raum der Weisheit, indem wir erkennen, dass das, was uns beschwert und aus der Balance bringt, nicht die äußeren Geschehnisse sind, sondern die eigenen Gedanken und schwierigen Emotionen, die dadurch ausgelöst werden. Wir übernehmen Verantwortung sowohl für die Gedanken als auch für den Ärger, den Zorn, die Wut, den Neid, indem wir grundsätzlich an unserer Friedfertigkeit arbeiten. Wir verantworten diese schwierigen Emotionen, statt weiterhin unbewusst zu reagieren. Nehmen wir die Verantwortung an, öffnen sich neue Türen, weil uns die Energie, die in diesen Emotionen gebunden ist, auf neue Weise zur Verfügung steht.

Wir greifen nicht mehr auf die alten Muster zurück, problematische Emotionen zu verdrängen oder in ihnen verloren zu gehen. Wenn sie auftreten, akzeptieren und erforschen wir sie. Das bedeutet auch, jede Abweichung von unserem Entschluss, unheilsame Gedanken und Emotionen zu läutern und heilsame zu kultivieren, wahrzunehmen und nach der Ursache zu fragen. An welchem Punkt haben wir uns von den Emotionen überwältigen lassen? Und welche Gedanken waren daran beteiligt? Handelten sie davon, dass wir nichts wert sind oder die ganze Welt gegen uns ist? Erzählten sie davon, dass wir niemals wirklich geliebt werden und sicherlich versagen werden? Haben wir ihnen geglaubt? Wenn ja, sind wir in Gefahr, in kurzer Zeit verwirrt und in einem unserer Lebensdramen verstrickt zu sein. Auf dem Weg zur inneren Freiheit sind wir aufgefordert, mit unseren Gedanken geschickt klarzukommen und zu erkennen, dass sie entscheidend zu unserem Leid beitragen. Suchen wir also nach den Ursachen unseres Leids, dann dürfen wir uns fragen, welche Geschichten wir uns da erzählen und wie ernst wir sie nehmen.

Die spirituelle Antwort auf unsere Not ist nicht das Grübeln, und wir dringen auch nicht in die Inhalte unserer persönlichen Geschichte ein. Wir lassen uns vielmehr auf die Erfahrung im Hier und Jetzt ein, indem wir innehalten, fragen, welche Gedanken diesen Anfall angefeuert haben, zum Beispiel bei einem Wutanfall, und betrachten die Emotion selbst. So beruhigt sich dieser Gefühlsansturm, und die destruktiven Gedanken können sich nicht weiter fortpflanzen. Joko Beck sagt dazu: »Unsere Gefühle auszudrücken ist etwas Natürliches und an sich nichts Schlechtes. (…) Wenn wir unsere Wut wirklich erleben, ist sie etwas sehr Stilles. Sie hat eine gewisse Würde.« (Joko Beck 1995, Seite 65) Die Wut wird nicht zur Schau getragen oder ausgetobt. Man nimmt lediglich die ihr zugrunde liegende Spannung wahr. Mit Abstand erkennen wir dann, dass wir wieder einmal einen *Sturm im Wasserglas* erlebt haben, und wir nehmen alles nicht mehr so tragisch.

Für eine Weile bleiben wir konfliktanfällig, immer wieder bereit, uns an der Schnittstelle zwischen aufkommenden unheilsamen Gedanken und der Möglichkeit, ihnen mit Achtsamkeit zu begegnen, verführen zu lassen, der alten Gewohnheit zu folgen und den Gedanken freien Lauf zu lassen. Unsere Übung wird auch vom Scheitern bestimmt sein. Das können wir nicht verhindern, nur zulassen und uns unverzagt an den Entschluss erinnern, immer wieder neu zu beginnen. Diese Übung werden wir unzählige Male wiederholen, vertiefen und erneuern. Der Geist selbst ist unser Forschungsgegenstand. Wir erkennen zunehmend, wie der Gedankenfluss ununterbrochen dahinströmt und wir uns dessen nicht einmal bewusst sind. Das geht sogar so weit, dass sich manche Menschen gar nicht die Möglichkeit vorstellen können, ohne Gedanken gegenwärtig zu sein. Das, was bleibt, wenn die Gedanken enden, ist reines Gewahrsein, eine geistige Weite und Klarheit, in der wir uns geborgen fühlen. Je mehr wir diese Übung vertiefen, desto eher können wir dann erkennen, wie in diesem Raum des Gewahrseins Gedanken wie Wellen in einem Ozean aufkommen und entsprechend wieder verschwinden. Gedanken sind flüchtig. Sie entstehen und vergehen. Schauen wir tiefer, haben sie weder Substanz, noch sind sie unser Selbst. Wenn wir die Gedanken als das betrachten können, was sie sind, nämlich Bewegungen in einem unendlichen Raum, dann haben wir einen entscheidenden Schritt auf unserem Weg zur inneren Freiheit getan. Die Gedanken haben ihre uneingeschränkte Macht über uns verloren und damit auch die sich mit ihnen verbindenden Emotionen. Dann kann ein Gedanke aufkommen wie das Aufflackern einer Glut, aber wir legen keine weiteren Holzscheite nach. Eine Praktizierende fasst dies in folgende Worte:

> Zärtlich gewahr sein
> dem Getöse in meinem Kopf
> manchmal
> freundlich interessiert
> die Saltos meiner Gedanken
> betrachten.
> Nicht klatschen
> oder Zugaben fordern
> auch keine Buhrufe.
> Einfach zusehen
> solange die Darbietung dauert.
> Jutta H.

So erfahren wir eine existenzielle Beruhigung. Wir lernen, im Sturm zu segeln. Eines Tages bleiben wir selbst bei einer heftigen Gedankenflut auf Kurs, und nach und nach erfahren wir zunehmend ausgeglichene Wetterlagen.

Anweisungen zum Umgang mit Emotionen

Das Angebot der buddhistischen Lehre zum Umgang mit unheilsamen Emotionen ist eindeutig: Sie sind ernst, aber nicht persönlich zu nehmen, führen zu Leiden und sind ohne Zögern zu transformieren. Erinnern wir uns zusammenfassend: Zunächst geht es um das Gewahrsein der Gedanken, die eine entsprechende emotionale Stimmung auslösen. Eine achtsame Unterscheidung zwischen heilsamen und unheilsamen Emotionen ist hier unabdingbar. Die heilsamen tragen zu Glück und Zufriedenheit bei, und die unheilsamen führen zu einem verstörten Bewusstseinszustand. Entscheidend ist die möglichst unablässige Aufmerksamkeit auf die geistigen Zustände. Nur so können wir uns im weisen Umgang mit den Gedanken und Emotionen üben und die Methoden der jeweiligen Situation entsprechend anwenden, von denen wir uns drei vergegenwärtigen wollen: Gegenmittel einsetzen – annehmen und erforschen – blockierte Energie freisetzen und nutzen. Entschluss- und Willenskraft sind bei allen drei Zugängen notwendig.

Gegenmittel einsetzen

Die Gegenmittel finden wir
- erstens im Kultivieren der vier höchsten Emotionen: liebende Güte, Mitgefühl, Freude, Gleichmut (siehe dazu auch Kapitel 14). Freude vermag zum Beispiel Ablehnung zu transformieren. Solange diese Übung sich darauf bezieht, sukzessive das Herz an diese förderlichen Zustände zu gewöhnen, hält sie für uns keine großen Fallstricke bereit. Schwierig wird es, wenn wir unmittelbar einen unheilsamen Geisteszustand mit einem heilsamen ersetzen wollen. Das bedarf eines sehr geübten, bereits geklärten Geistes, sodass es zu dieser Umwandlung statt zu einem Verdrängen kommen kann.
- zweitens in der Geduld, die eine intelligente Maßnahme bei Aufregung und Wut ist;
- drittens in der Achtsamkeit beziehungsweise im reinen Gewahrsein. Sie greifen da, wo wir aus einem inneren Mangel heraus nach etwas verlangen.
- viertens in einem ethisch-moralischen Leben, auf der Grundlage der Einsicht, dass wir nichts folgenlos tun können;
- fünftens in der Kontemplation, das heißt einer meditativen, intuitiven Durchdringung der existenziellen Ursachen unserer blockierten geistigen Zustände und des Leidens.

Annehmen und erforschen

Hierbei geht es um das Annehmen und Erforschen eines geistigen Zustandes, der schon entstanden ist. Annehmen verhindert Verdrängung, Abwehr, Kontrolle und Manipulation. In den Anfängen unserer Praxis werden wir uns der unheilsamen geistigen Zustände erst bewusst, wenn sie sich schon ausgedehnt haben. Durch regelmäßige Übung können wir immer früher die ersten Anzeichen destruktiver Gedankenmuster erkennen. So wird das innere Klima entspannter und ruhiger. Sinnvoll ist es, erst einmal mit alltäglichen Ablehnungen, zum Beispiel, wenn sich der Zug verspätet, die Milch sauer geworden ist, der Pullover kratzt, eine Freundin die Verabredung nicht einhält, zu arbeiten. Später können wir die gleichen Methoden auf schwierige Konflikte anwenden.

Wie erforschen wir?

Schauen wir uns dazu den dynamischen Wahrnehmungsprozess an einem Beispiel an: Eines unserer Sinnesorgane, etwa das Ohr, nimmt ein Objekt wahr, in diesem Fall einen Ton. Sofort entsteht ein Gefühl, das dieses Geschehen in »angenehm«, »unangenehm« oder »neutral« einordnet. Das ist bei allen Menschen so. Auf dieses Gefühl reagieren wir mit Gedanken oder Emotionen. Und diese Reaktionen können uns aus dem Gleichgewicht bringen. So kommt es, dass wir zum Beispiel ein unangenehmes Geräusch wahrnehmen und gleich darauf mit Ärger reagieren. Die Gedanken feuern in der Folge die Emotion weiter an: »… müssen Meyers morgens immer so laute Musik hören … ich werde mich beschweren … ich ziehe um … ich sollte nicht ärgerlich sein … ich bin zu Recht aufgebracht …« Wir befinden uns inmitten einer kleinen dramatischen Szene. Endlich hatten wir es geschafft, uns zur Meditation hinzusetzen, und nun ist alles verdorben. Spirituelle Praxis und innere Freiheit bedeuten, auf äußere Reize nicht mehr automatisch zu reagieren. Der erste Schritt besteht allerdings darin, diesen Prozess unmittelbar zu erkennen: Da ist ein unangenehmes Gefühl, und als Reaktion entsteht zum Beispiel Ärger. Dann kommt das Entscheidende: den Ärger wahrnehmen und erforschen. Dabei ist es hilfreich, auf die Ebene der Körperempfindungen zu gehen. Das heißt, im Körper nachzuspüren, was geschieht, wenn wir Ärger empfinden, zum Beispiel Hitze, Unruhe und Kontraktionen im Solarplexus. Wenn es uns gelingt, bei diesen Empfindungen zu bleiben und sie nicht weiter mit Kommentaren zu verstärken, werden sie sich verändern. Wir erkennen, wie vielschichtig ein emotionaler Prozess sein kann, und nach und nach wird es ruhiger werden, sodass wir wieder klar sehen können.

Vielleicht brauchen wir auch Mitgefühl für uns selbst, wenn wir Ärger empfinden, denn Ärger tut weh. Mitgefühl ist ein Sich-Eingestehen, dass wir leiden und erkennen, wie das Leiden immer weiter durch unsere Gedanken verstärkt wird. Sind wir mitfühlend, empfinden wir sanft diesen Schmerz, lehnen ihn nicht ab, klammern uns aber auch nicht daran fest aus Selbstmitleid. Eine Schülerin erinnert sich an einen Konflikt und ihren Umgang damit:

»Diese blöde Kollegin – na, warte! Ich spüre, wie Ärger in mir hitzig hochschießt. Kampflustige Rachegedanken machen sich breit. Gleichzeitig nehme ich eine Enge in der Brustgegend wahr. Das Herz verschließt sich. Meine Aufmerksamkeit geht von kreisenden Gedanken zu meinem Herzen. Ganz tief innen spüre ich jetzt ein hilfloses kleines Wesen, das im Stich gelassen wurde. Trauer macht sich breit und ein zärtliches Mitgefühl, das dieses kleine Wesen umfängt und tröstet.«

Wir lösen nach und nach festgefahrene Reaktionsmuster auf, die entstanden sind und durch Anhaftung immer wieder neu entstehen. Diese Anhaftung besagt: Das ist *mein* Körper, *meine*

Hand, *meine* Idee, *meine* Meinung, *mein* Ärger, *meine* Wut, *meine* Langeweile. In unserer Übung wollen wir einmal diese erstarrte Form der Reaktion wieder zum Fließen bringen, indem wir den Unterschied zwischen dem Verhaftetsein an einer Wut auf jemanden und dem Nachspüren dieser Wut wahrnehmen. Dann empfinden wir Wut, *sind* aber nicht die Wut und bleiben gleichzeitig verantwortlich für ihr Entstehen. Diese geringfügige Verschiebung der mentalen Aktivität ist entscheidend für unseren Weg zur Freiheit. Es bedeutet, eine neutrale, interessierte Beobachterin der eigenen Erfahrung zu sein. So schaffen wir Distanz, aus der heraus wir erkennen, was die Emotionen uns zu sagen haben, und nehmen tiefere Schichten wahr, zum Beispiel die Wut unter der Angst, die Trauer unter der Wut oder die Sehnsucht unter der Trauer. Vor allem aber lernen wir, dass wir nichts mehr ausschließen müssen. Eine Integration, die zur Freiheit führt.

Was erkennen wir im Verlauf unseres Forschungsprozesses?

Uns wird bewusst, dass alle Gedanken und Emotionen vorübergehende Zustände sind. Das ist entscheidend für die Befreiung. Indem wir nicht mehr auf die Objekte fixiert sind, auf die wir mit Ablehnung oder Anziehung reagieren, sondern uns die Reaktionen selbst anschauen, erkennen wir, das weder Angenehmes noch Unangenehmes in den Objekten versteckt ist, sondern dass wir dies hineininterpretieren. So können wir die Verzauberung oder die Verstörung, die von den Objekten auszugehen scheint, zu uns nehmen und die geistigen Reaktionen in ihrer Flüchtigkeit wahrnehmen. Bleiben wir hingegen auf das Objekt fixiert, werden sich die unheilsamen Emotionen steigern. Schauen wir direkt auf die Emotion, zum Beispiel den Ärger, löst er sich auf, und wir haben Raum, tiefer zu schauen und zu erkennen, wie schnell eine geistige Trübung und emotionale Betrübtheit entsteht, wenn wir den Gedanken gestatten, uns zu überwältigen. Wir befreien uns von dem, was uns den alten Mustern zufolge zu fesseln vermag, möglichst in dem Moment, in dem es auftaucht.

Welche Wirkungen erfahren wir?

Durch diesen geschickten Umgang mit den Emotionen durch Akzeptanz, Wahrnehmungstiefe und Klarheit im Erkennen entstehen Leichtigkeit, Momente der Stille, Entspannung und Klarblick. Wir erfahren, wie Loslassen Freiheit bedeutet und Festhalten und Anhaften zu Leiden führt.

Blockierte Energie freisetzen und nutzen

Hierbei brauchen wir schon eine gewisse Übung, denn es bedeutet, zum Beispiel die Energien des Neides oder der Wut konstruktiv für einen neuen Handlungsschritt zu nutzen. Wir vollziehen einen Perspektivenwechsel. »Was uns trägt, wenn wir ins Meer fallen, und es uns ermöglicht, ans Ufer zu schwimmen, ist das Wasser selbst.« (Ricard 2007, Seite 184) Wie die Wut als Katalysator genutzt werden kann, beschreibt eine Schülerin:

»Meine Gedanken sind ständig beim Klimaschutz und Heizkostensparen. Mein Mann ist zuständig für das Einstellen der Schaltuhr an der Heizung. Ich muss zugeben, ich war immer etwas skeptisch, ob er das richtig eingestellt hat, da es spät abends oft noch richtig warm war. Er hat immer wieder nachgesehen und Einstellungen verändert. Ich konnte allerdings diese *blöde* Heizung nicht selbst programmieren. ›Eigene Schuld, ist ja so bequem, wenn alles der Mann im Haus macht.‹ Gestern war ich um 4.00 Uhr nachts auf dem Klo. Die Heizung war heiß. Ich war wütend. Dachte ich es mir doch. Wir heizen nachts! Immer noch wütend, bin ich in mein Bett gegangen. Aber ich konnte nicht einschlafen. Dann fiel mir plötzlich ein Satz von einem Vortrag ein, den ich vor kurzem gehört hatte: ›Hinter der Wut steckt Energie – nutze sie.‹ Ich bin in den Keller gegangen, habe mir die Bedienungsanleitung geholt und ganz durchgelesen – scheußlich, solche Anleitungen. Irgendwann bin ich wieder in mein Bett gegangen. Ich war eine erfolgreiche Heizungsprogrammiererin geworden. Das hatte ich mir gar nicht zugetraut, und nun bin ich mächtig stolz auf mich.«

Wir können viel im Umgang mit unseren Emotionen lernen, vor allem aber von denen, die uns bedrängen. Es geht um eine befreite und offene Beziehung zu allem, was wir erfahren. Nicht, *wer* Gast ist, ist wichtig, sondern, *dass* wir Gäste haben und Gastgeberinnen sind. So wie Gäste kommen und wieder gehen, so kommen und gehen die Emotionen. Erkennen wir das, dann kämpfen wir nicht mehr, denn Kampf bedeutet immer, das Feuer zu schüren. Wir können Emotionen erfahren, ohne von ihnen überwältigt zu werden, indem wir gleichzeitig achtsam sind. Die Folge ist, dass wir den sich ständig verändernden Lebensstrom von Augenblick zu Augenblick erfahren. So können wir alles in gut verdaulichen Portionen bewältigen. Und wenn wir lernen, im Augenblick präsent zu sein, werden wir das finden, was wir immer gesucht haben: Glück, Zufriedenheit, Geborgenheit, Liebe und Gelassenheit im Umgang mit allem, was geschieht.

13.
Wo die Angst ist, da geht's lang

Zu unserem Leben gehören Ängste, die uns von der Geburt bis zum Tod begleiten und sich ganz unterschiedlich ausdrücken. Soziokulturelle und politische Umstände beeinflussen unsere Ängste ebenso wie die individuell-biografischen. Von den fünf Grundemotionen – Angst, Freude, Trauer, Wut, Scham –, wie sie Paul Ekmann benennt, ist es die Angst, die uns existenziell herausfordert. (Ekmann 2007) Daher gebührt ihr unser Respekt. Die Frage ist, wie und abhängig von welchen Faktoren sich die Angst ausdrückt und wie wir mit ihr umgehen können. Religionen versuchen, die Angst durch Glauben zu bewältigen. Auch die Philosophie setzt sich seit der Antike bis heute mit diesem Grundgefühl auseinander, und der Buddhismus strebt mit dem Erwachen einen Zustand an, der von neurotischer Angst befreit ist. Nicht zuletzt widmet sich die Psychologie eingehend sowohl theoretisch als auch therapeutisch den menschlichen Ängsten. Die Angstbewältigung hat in all diesen Disziplinen mit der Entwicklung der Gegenkräfte Vertrauen, Demut, Liebe und Hingabe zu tun. Dies sind geistige Kräfte, die sich sanft dem zuwenden können, was verhärtet und beengt ist.

Die Sehnsucht nach *Hingabe* ist gleichzeitig eine Sehnsucht nach Geborgenheit und Verbundenheit. Aber eine Rückbindung an die ursprüngliche Geborgenheit erfahren wir nur, wenn wir der Angst in uns begegnen können. Wenn wir uns somit dem Thema Angst zuwenden, ist es sinnvoll, auch danach zu fragen, wie es mit der Hingabe in unserem Leben bestellt ist. Den Begriff Hingabe kennen wir ebenfalls aus den Religionen.

Im Christentum manifestiert sie sich als »Dein Wille geschehe«. Im Hinduismus wird die Übung der völligen Hingabe in der Gottesverehrung *Bhakti* genannt. Hier handelt es sich um eine alltägliche Übung der Hingabe an einen Gott oder Guru. Im Theravada-Buddhismus ist das, was kurz vor der Auflösung, dem vollkommenen Loslassen allen Anhaftens, dem Sprung ins Nirvana geschieht, ebenfalls ein sich völlig bedingungsloses Hingeben, hier an das Unbekannte.

Allerdings muss einschränkend erwähnt werden, dass es in der Pali-Sprache keinen expliziten Begriff für Hingabe gibt. Nach der buddhistischen Lehre gibt es keinen Gott außerhalb von uns, dem wir uns hingeben könnten. Die Frage ist also, ob Hingabe immer an ein Objekt gebunden sein muss, so wie wir es in der christlichen und hinduistischen Tradition vorfinden. Oder ob es eine weitere Bedeutung gibt, der zufolge Hingabe an etwas geschehen kann, das nicht außerhalb von uns liegt und gleichzeitig unpersönlich ist. Hingabe meint hier – im Unterschied zur Hingabe an einen Gott oder Guru –, sich hingebungsvoll einem Prozess zu überlassen und ihn nicht steuern zu wollen. Wir könnten es *Hingabe an sich* nennen. Und in einem weiteren Schritt könnten wir auch diese beiden Aspekte miteinander verbinden, so wie es Ramana Maharshi tat. »Er betonte, dass wirkliche Hingabe über die Anbetung Gottes in einer Subjekt-Objekt-Beziehung hinausgeht, weil sie nur möglich ist, wenn derjenige, der glaubt, von Gott getrennt zu sein, verschwunden ist.« (Ramana 1995, Seite 104) Hingabe ist so nicht der Verlust von etwas, das uns beschützt, sondern es geht um die Befreiung aus einer Begrenzung, die nicht mehr nötig ist. So kommt es zu dem Erleben, *alles* zu sein.

*Wir leben in Illusionen
und in der Erscheinung der Dinge.
Es gibt eine Wirklichkeit –
wenn du dies verstehst,
dann siehst du, dass du nichts bist.
Und nichts zu sein heißt,
dass du alles bist.*
KALU RINPOCHE

Hingabe an den Atem

»Ich lernte den Weg zur Hingabe durch meine Lehrerin Ayya Khema kennen. Bis zu diesem Zeitpunkt dachte ich, mit Hingabe im Kontext der Spiritualität sei immer die Hingabe an Gott, die heilige Maria oder einen Guru gemeint. Ayya Khema lehrte uns die Hingabe an den Atem und dann die Hingabe an die gegenwärtigen Empfindungen. Von dort aus ging es weiter. Die Hingabe an die angenehmen Gefühle, die in einer konzentrierten Meditation aufkamen, war für mich gut zu meistern. Beschwerlich wurde es, als es darum ging, sich den unangenehmen Gefühlen hinzugeben, dem Schmerz. All das praktizierten wir mit geschlossenen Augen. Niemand schaut uns bei dieser intimen Selbstbegegnung und -ergründung zu. Voraussetzung für Hingabe war, dass ich voller Vertrauen, mit Sorgfalt und Ehrfurcht den Anweisungen folgte und die Methoden geschickt nutzte.«

Grundsätzlich ist Hingabe, von der hier eine Schülerin schreibt, immer dann erforderlich, wenn es um das Geschehenlassen und Annehmen geht. Im formalen Training in der Tradition von Ayya Khema ist Hingabe vor allem bei der Ruhemeditation von Bedeutung, da, wo wir mit dem Meditationsobjekt, zum Beispiel dem Atem, verschmelzen. In diesem Training balancieren wir vor allem die geistigen Fähigkeiten – Vertrauen, Willenskraft,

Achtsamkeit, Sammlung und Weisheit – aus. Wir lernen beispielsweise, Hingabe und Weisheit in Harmonie zu bringen, denn Hingabe ohne Weisheit driftet in blinden Glauben ab, und Weisheit ohne Hingabe verliert sich in intellektuellen Diskursen. In der buddhistischen Tradition entsteht somit Hingabe durch Innehalten und Nach-innen-Schauen. Eine stille, friedvolle Aufmerksamkeit, die sich der Wahrheit zuneigt und mit ihr verbunden bleibt. Wir hören auf, das Leben kontrollieren zu wollen, und geben uns letztlich unserer wahren Natur hin. Das ist die Meisterschaft vollkommener Hingabe.

Wenn wir uns hingeben können, dann verbinden wir uns gleichzeitig mit dem Bewusstseinsraum, der von Vertrauen erfüllt ist. Das ist möglich, wenn wir eine geistige Dimension erfahren haben, die größer ist als jeder Schmerz, und das Wissen in uns gereift ist, dass die Liebe, die wir immer gesucht haben, in uns selbst wohnt. Wir brauchen einen Zugang zu etwas, das selbst angstfrei ist und die Angst zu überwinden vermag. Es ist die geistige Fähigkeit, urteilsfrei wahrzunehmen. Dieses Bewusstsein erfahren wir, wenn wir still werden und nicht mehr mit den Gedanken verhaftet sind, sondern sie lediglich als Gedanken wahrnehmen können.

Im Umgang mit Angst ist es hilfreich, sich bewusst zu machen, dass die Angst nicht in erster Linie verschwinden muss, sondern wie wir ihr begegnen können, ohne vor ihr zu flüchten oder sie zu verdrängen. Getreu nach Anaïs Nin: »Wo die Angst ist, geht's lang«, oder wie Jean Gebser es ausdrückt: »Man muss genau kennen, was man überwinden möchte.« Bei großer Angst kapituliert erst einmal der Widerstand gegen die Angst beziehungsweise die Angst vor der Angst. Wir gehen in die Knie, statt zu flüchten. Es ist wie beim Segeln. Aus Angst unterzugehen, vermeiden wir es vielleicht, überhaupt zu segeln. Wir lernen so weder, uns im Sturm zu bewähren, noch, uns der Ruhe nach dem Sturm hinzugeben. Hilfreicher wäre es, zu erleben, wie wir im Sturm sicher segeln können.

Begegne deiner Angst und erforsche sie

- Wann hattest du das letzte Mal Angst?
- In welcher Situation war das?

Häufig erinnern wir uns nur an besonders herausragende Ereignisse, zum Beispiel vor Prüfungen. Aber Angst ist ein Gefühl, das uns täglich begleitet. Mal zeigt es sich als Selbstzweifel, mal als mangelndes Selbstvertrauen, mal als Angst, allein zu verreisen oder einen Nachbarn anzusprechen. Es gilt zu unterscheiden, welche unserer Ängste aufgrund realer physischer oder psychischer Gefahren akut sind und welche Ängste unsere Fantasie konstruiert. Die Frage ist, ob wir der Angst begegnen können oder ob sie uns beherrscht. Sehr schön bringt das Brendan Francis Behan zum Ausdruck:

Viele unserer Ängste sind dünn wie Seidenpapier,
schon ein einziger mutiger Schritt
könnte uns durch sie hindurch tragen.

Wir können mit diesen Ängsten leben, aber es ist kein entspanntes Leben.

Bei der Bewältigung der Angst müssen wir die Ängste nicht gleich zum Verschwinden bringen, sondern als einzigen konstruktiven Schritt die jeweilige Angst anerkennen und wahrnehmen. Wie drückt sie sich körperlich aus? Zum Beispiel durch schnelles Atmen, Herzklopfen, Anspannung, Schweiß, Zittern, kurzes Anhalten des Atems oder trockenen Mund. Auch die Gedanken dazu nehmen wir wahr. Und dann sagen wir zu uns selbst, dass es vollkommen in Ordnung ist, Angst zu haben. Wir wenden uns ihr zu.

»Das Telefon klingelt. Mein Vater – zum fünften Mal an diesem Abend. ›Ich kann meinen Stock nicht finden‹, klagt er. Ich bin genervt, doch unter der Gereiztheit steigt die Bangigkeit in mir auf: das schon vertraute Ziehen in der Magengrube, die Beklommenheit im Herzen. Angst vor einem Unfall, vor der Hilflosigkeit meines Vaters, der bald 85 wird. Und vor meinem eigenen Tod ... Hallo, liebe Angst, da bist du also wieder. Und weil ich dich nicht loswerde, frage ich, was du von mir willst. Leben, nicht grübeln. Und nicht aus dem Blick verlieren, was für dich wichtig ist, schärfst du mir ein. Ja, da ist was dran, wir bleiben im Gespräch ...«

Wir wenden uns der Angst zu – wie die Schülerin im Text – und versprechen ihr, dass wir sie mit Aufmerksamkeit begleiten und sie nicht allein lassen. Dann nehmen wir wahr, wie sich unser emotionaler und körperlicher Zustand verändert. Vielleicht hat sich da etwas entspannt, oder wir sind ruhiger geworden, aber wir sollten auch nicht zu viel von uns erwarten. Gerade in schwierigen Lebenssituationen, wenn wir zum Beispiel einen Verlust erlitten haben oder uns vor einer Aufgabe fürchten, die wir zu bewältigen haben, können wir erfahren, dass die Freiheit nur einen Atemzug weit entfernt ist. Das hört sich gewagt an, aber es sind die Situationen, in denen wir uns so in die Enge getrieben fühlen, dass wir nur noch eine Wahl haben. Wenn wir schon die äußere Situation nicht annehmen können, dann das, was in uns geschieht. Annehmen kann uns letztendlich auch hier in einen Moment der Ganzheit katapultieren. Dazu brauchen wir Mut oder Furchtlosigkeit, um uns ins Bodenlose fallen lassen zu können. Wir wissen nicht, was im nächsten Moment sein wird, und lassen genau das zu. Und es ist erstaunlich, was dann geschieht, denn durch dieses Annehmen ändert sich etwas. Dann brauchen wir ein paar Momente, um zu begreifen und auch im Bewusstsein zuzulassen, dass sich da etwas gelöst hat. Auch wenn wir noch so sehr davon überzeugt sind, dass die

Angst ein Eigenleben führt, gegen das wir machtlos sind, so sind wir es nicht. Wir lassen zu, uns von der Angst berühren zu lassen, und wir berühren sie mit sanfter Aufmerksamkeit und mit Mitgefühl, so wie es eine Praktizierende aus einer Erfahrung heraus beschreibt:

> »Wie ein Schatten legt sich die Angst über mich – kriecht in den Bauch. Übelkeit macht sich breit. Ich nehme wahr, dass die Zähne klappern, der ganze Körper zittert. Kein Ort mehr, an dem ich sicher bin, die Angst ist in mir. Es wird eng und enger im Brustraum. Gleich ersticke ich. Gut, dann jetzt sterben – ich ergebe mich. Der Kampf hört auf. Unendlich zärtliches Mitgefühl strömt ins Herz, öffnet es für die Trauer und ein Meer von Tränen.«

Unsere größte Angst ist die vor dem Zerfall und dem Tod. Vergänglichkeit geschieht aber nicht hin und wieder, sondern permanent. Wir sterben nicht irgendwann, sondern während unseres Lebens sind wir ununterbrochen mittendrin in diesem Prozess. Was haben wir also zu verlieren? Wir können im Grunde nur gewinnen, indem wir dem Widerstand gegen die Vergänglichkeit ins Auge blicken und ihn loslassen. Auf dem spirituellen Weg müssen wir immer wieder durch die Ebenen des Zweifels, der Unruhe und der Emotionen, wie zum Beispiel der Angst, hindurchgehen, bis wir diese Bewusstseinszustände geschickt bewältigen können. Vielleicht können wir uns eines Tages sogar bewusst dazu entschließen, der Angst zu begegnen. Das bedeutet, die Magie der Angst – sie ist unüberwindlich und wir sind machtlos gegen sie – zu durchbrechen. Wir wollen die Ängste nicht mehr umgehen, sondern nutzen sie als Mittel zu unserer Befreiung, ebenso wie alle anderen Schwierigkeiten, die uns auf dem inneren Befreiungsweg begegnen.

Menschen, die weitgehend frei von neurotischer Angst sind, leben vorwiegend in einem Gefühl der Verbundenheit, der

Geborgenheit und der Zufriedenheit. Sie erkennen, dass alles mit allem verbunden ist, und so werden sie nichts tun, was ihnen oder anderen Lebewesen schadet. Seien wir uns bewusst, wenn wir Angst haben, und lassen wir von jeglichem Widerstand gegen sie ab. Angst ist Lebensenergie und der Beweis, dass wir existieren. Sie zu verdammen wäre fatal. Sie macht uns auf etwas aufmerksam. Worauf? Genau das wollen wir herausbekommen. Wir wollen die Angst nicht loswerden, sondern ihre Weisheit verstehen, was jedoch nicht über den Verstand funktioniert. Vielleicht erfahren wir dann, dass diese Angst in einen inneren Frieden eingebettet sein kann, der mit reinem Gewahrsein einhergeht. Wenn wir das wiederholt erfahren dürfen, werden wir zunehmend gelassener und vertrauensvoller im Umgang mit dieser schwierigen Emotion.

14.
Die Weisheit des Herzens nicht vergessen

»Ich erinnere mich an eine Begebenheit, die sich fest in meiner Erinnerung verankert hat. Mit mir im Aufzug fuhr ein junger Mann. Er lächelte mich an. Einfach so. Ich erwiderte sein Lächeln. Er schaute mich wirklich an. Wirklich in die Augen, ganz natürlich, keineswegs aufdringlich. Da war nichts mehr zwischen mir und diesem Menschen. Dann verließ er den Aufzug, nicht ohne mich noch einmal anzuschauen und einen guten Tag zu wünschen. Mit dieser Begegnung war jede Zelle in mir erwacht. Ich verließ frohgemut ein Stockwerk höher den Aufzug.«

Hier wird eine einfache, menschliche Begegnung, wie wir sie unzählige Male am Tag aus einem Gefühl der Verbundenheit heraus erleben könnten, beschrieben. Aber warum geschieht das so selten? Wie oft laufen wir durch die Stadt und sind entnervt? Oder wir fühlen uns wie unter einer Glocke, die alles abwehrt, was auf uns zukommt. Oder wir reagieren sofort mit einem Kontrollraster, indem wir den Menschen nicht begegnen, sondern sie einschätzen mit: »Was will der von mir?« oder »Wie ist denn der drauf?« Wenn wir uns in der Begegnung mit anderen Menschen unsicher fühlen oder Enge im Brustraum verspüren, wenn wir nach enttäuschter Liebesbeziehung noch lange an den Wunden leiden, wenn wir uns mit anderen Menschen eher getrennt als verbunden fühlen, dann ist es an der Zeit, sich der Heilung des Herzens zuzuwenden. Hier kommt der berührendste Teil unserer spirituellen Praxis zum Einsatz, die Metta-Praxis.

Metta-Praxis transformiert unheilsame Emotionen

Metta ist das Pali-Wort für die liebevolle Zuwendung, häufig übersetzt mit »bedingungslose Liebe« oder »liebende Güte«. Der Begriff »Metta« wird oft als übergreifende Kategorie für die gesamte Praxis der *Brahmaviharas* (= göttliche Verweilungsstätten) genommen. Wo von Metta-Praxis die Rede ist, sind oft alle vier Brahmaviharas gemeint. Im engeren Sinn bezeichnet Metta die erste der vier Brahmaviharas. Der liebevollen Zuwendung folgt die Fähigkeit zu Mitgefühl, dann die zur Freude, insbesondere zur Mitfreude, und nicht zuletzt entwickeln wir den Gleichmut. (Kolk 2008)

Metta ist die Kraft, die Menschen miteinander verbindet. Sie ist Ausdruck unserer Liebesfähigkeit. Es ist eine Liebe, die nicht danach strebt, geliebt zu werden, sondern zu lieben, die geben und nicht haben will, sich verschenkt, ohne besitzen zu wollen. Es ist die Liebe, die weniger aus Eigennutz und Mangel entsteht, sondern elementarer Ausdruck einer erfüllten Existenz ist. Sie hat mit Hingabe und Selbstvergessenheit zu tun. Es ist die Liebe der Mystikerinnen und Mystiker. Diese Liebe sowie dieses Gefühl der Zusammengehörigkeit, die ihr zugrunde liegt, können wir entwickeln.

Die Metta-Praxis ist in der buddhistischen Tradition das Meditationsgebiet, das die liebevolle Zuneigung und die drei anderen heilsamen Emotionen systematisch kultiviert. Gleichzeitig werden bei dieser Praxis die gegenteiligen, unheilsamen Emotionen, wie Ablehnung oder Hass, Grausamkeit, Neid und Unlust, überwunden. Und durch stabiler werdenden Gleichmut allen Geschehnissen gegenüber überwinden wir unsere Gleichgültigkeit und das Anhaften. Um diesen Weg des Herzens gehen zu können, durchschauen wir erst einmal, wie die ablehnenden Gefühle wirken. Wir machen uns bewusst, welche Schwierigkeiten uns ein Geist bereitet, der feindselig gestimmt ist und schnell zornig wird. Das geschieht durch eine tiefe Reflexion, verbunden mit entsprechenden Einsichten, die uns nicht nur existenziell aufrütteln, sondern auch unsere Entschlossenheit festigen, den Geist zu läutern und innere Freiheit zu erlangen. Es gibt dann keinen Zweifel mehr, wir sind entschieden, unseren Geist auf Friedfertigkeit auszurichten. Wir wollen Neid, Eifersucht, Ärger, Nörgelei und Rechthaberei, Zweifel, Groll, Sorgen und nicht zuletzt unser Anhaften überwinden.

Die vier Edlen Wahrheiten

Die spirituellen Traditionen und Religionen regen insgesamt dazu an, Liebe und Mitgefühl zu entwickeln, und betrachten das nicht selten als den Königsweg zur Freiheit, zu Gott, zur Transzendenz. In der buddhistischen Tradition steht diese Herzenspraxis in Verbindung mit der Grundlehre, den vier Edlen Wahrheiten:

- Mit jeder Existenz ist Leiden verbunden.
- Leiden entsteht durch Begehren und Anhaften.
- Es ist möglich, sich von diesem Leiden zu befreien.
- Dafür gibt es einen Weg, der die gesamte Lebenspraxis einbezieht.

Die erste Edle Wahrheit zeigt auf, was alles Leiden verursacht und dass Leiden mit unserem Leben untrennbar verbunden ist. So wie der Regen nass ist und die Sonne wärmt, ist Leiden mit jeglicher Existenz verbunden. Sind wir bereit, dieser Wahrheit zu begegnen, sind wir auch motiviert, tiefer zu schauen und nach den Ursachen des Leidens zu forschen, um einen Weg zu finden, damit wir in dieser Existenz ein Höchstmaß an Frieden und Freiheit verwirklichen können. Somit folgt in der zweiten Edlen Wahrheit die Analyse der Ursache vom Leiden. In dieser zweiten Wahrheit ist bereits die dritte enthalten: Wir können in unserem Leben das Leiden bewältigen und überwinden, wenn wir dessen Ursachen erkennen. Wenn Leiden Ursachen hat, dann ergibt sich eine logische Schlussfolgerung: Ursache weg – Leiden weg. Alles, was Ursachen hat, verändert sich, sobald sich die Bedingungen verwandeln.

Die Ursachenforschung ist somit existenziell. In der Buddhalehre ist das zentrale Element bei der Ursachenforschung der *Durst*. Und zwar in Form des Drangs nach Sinnesbefriedigung und danach, dass etwas da sein oder nicht da sein soll, je nachdem, ob wir dies begehren oder ablehnen. Dieser *Durst* kann nach innen gerichtet sein (wir selbst wollen da sein und eben zuweilen auch nicht mehr da sein) oder nach außen (wir wollen, dass etwas da sein oder auch weg sein soll). In unserem Erleben zeigt sich dies in dem unbewussten Zwang, dem, was wir uns als angenehm vorstellen, hinterherzulaufen und daran anzuhaften, und dem, was uns als unangenehm erscheint, auszuweichen und es abzulehnen. In dieser Unruhe gefangen sind wir ständig auf der Suche, den mit einem angenehmen Gefühl verbundenen Sinneseindrücken hinterherzujagen und die unangenehmen Sinneseindrücke zu bekämpfen oder zu umgehen. Solange wir uns dieses Prozesses nicht bewusst sind, stecken wir in einem Reiz-Reaktions-Mechanismus von Anziehung und Abstoßung fest. Dauerhafter Frieden ist auf diese Art nicht möglich.

Auf dem Weg zur Leidensfreiheit befinden wir uns, wenn wir nach und nach diesen *Durst*, der jeder Existenz innewohnt, mindern. Das geschieht in einem Einsichtsprozess, der uns die vier Edlen Wahrheiten auf einer immer klareren Ebene durchdringen lässt und sich durch die Praxis des Loslassens von jeglichem Anhaften verwirklicht.

Erkennen wir, wie Leiden entsteht und sich wieder auflöst, so wie es die zweite Edle Wahrheit ausführt, dann wird uns auch bewusst, dass es nicht die anderen sind, die unser Leiden verursachen, sondern dass wir es selbst sind. Und zwar ausgelöst durch unsere Reaktionen. Das ist keine leichte Lektion. Aufgrund einer ersten Einsicht können wir unversehens in Selbstvorwürfe hineingeraten. Das ist ein Grund dafür, dass zur Metta-Praxis auch gehört, dass wir lernen, uns selbst und anderen zu vergeben. So bringen wir Reue und Vergebung da auf, wo wir hart gegen uns sind oder in Schuldgefühlen versinken und wo wir anderen Schaden zugefügt oder sie verletzt haben. Ebenso befreien wir uns durch Vergebung von altem Groll.

Die vierte Edle Wahrheit beschreibt den Weg zur Leidensfreiheit. Es werden acht Aspekte des Weges benannt, die sowohl lebensnah und alltagspraktisch sind als auch die hohe spirituelle Lehre enthalten. Dies sind acht Anweisungen fürs Unterwegssein, sodass wir uns und andere Wesen nicht verletzen und eine Grundlage haben, so zu reifen, dass wir dem Leben dienen können. Sie umfassen:

- die rechte Sichtweise,
- eine Zielsetzung, von der aus wir unser Leben bewusst meistern und üben,
- auf achtsame Weise zu kommunizieren,
- auf heilsame Weise zu handeln und
- auf rechte Weise unseren Lebensunterhalt zu verdienen.

Um uns in einer immer tieferen Weise in die Verwirklichung der vier Edlen Wahrheiten zu verankern, folgen wir einem geistigen Training und erlernen

- den Umgang mit konstruktiver Disziplin,
- eine geistige Gegenwärtigkeit, Wachheit und Bewusstheit und vertiefen
- die Fähigkeit zur geistigen Sammlung. Der gesammelte, klare und stille Geist ist dann die Voraussetzung, um tiefer in die Wahrheiten der Existenz einzudringen.

Auf dem buddhistischen Weg sind wir somit eingeladen, Leiden zu überwinden. Leiden grundsätzlich vermeiden zu wollen ergibt keinen Sinn, denn an der nächsten Ecke treffen wir erfahrungsgemäß wieder auf das, vor dem wir flüchten wollten. Es geht um eine furchtlose Begegnung mit jeglichem Leiden, mit jeglicher Frustration. Wir lernen, sowohl intelligent als auch heilsam mit Schmerz und Leid umzugehen und immer wieder nach den existenziellen Ursachen zu forschen. Bei der Begegnung mit Leiden ist es wie mit der Fahrt auf der Geisterbahn. Beim ersten Mal schreien wir wild drauf los und schauen gar nicht hin. Aber nach und nach können wir den gruseligen Objekten begegnen und haben sogar eine gewisse Freude daran, sie in ihrer Natur zu durchschauen. Bis wir eines Tages hindurchfahren und uns weder schrille Töne entweichen, noch uns die seltsamen Berührungen eines Gummiskeletts aus der Ruhe bringen können. Doch Leiden ist nicht nur das, was uns unangenehm ist, sondern auch, nicht zu erkennen, dass unser Anhaften an angenehmen Erfahrungen ebenso Leiden verursacht. Aber auch hier brauchen wir eine klare Perspektive, damit wir nicht die angenehmen Sinneserfahrungen selbst verurteilen oder gar negieren, sondern erkennen, dass es um das *Anhaften* daran geht. So lautet die spirituelle Anweisung immer und immer wieder: Loslassen! Und wir wissen dann, es geht um das Loslassen des Anhaftens.

Eine ganz besondere Lehrerin

Leid ist eine treue Gefährtin, die uns zeigt, was wir in welchem Kontext zu lernen haben. So wird unser spiritueller Weg zu einem leidenschaftlichen Prozess, indem wir in Beziehung zu diesem Leiden treten, weil wir erkannt und akzeptiert haben, dass jegliche Existenz damit verbunden ist. Und wir wissen, es bedeutet nicht, dass wir etwas falsch gemacht oder Schuld auf uns geladen haben. Leiden ist bereits im Moment unserer Geburt vorhanden. Der gesamte Organismus funktioniert nun einmal so, dass er uns eine Menge Leiden beschert. Man kann nicht sagen, dass das zufriedenstellend oder angenehm sei, denn das wäre geheuchelt. Manche Menschen deuten die Lehranweisungen missverständlich und gehen davon aus, Leidüberwindung bedeute, keinen Schmerz mehr zu spüren. Dem ist nicht so. Meister Eckhart fasst dies klar und deutlich in folgende Worte:

»Einen Heiligen, dem Pein nicht weh täte
und Liebes nicht wohl,
hat es noch nie gegeben,
und niemals wird es einer dahin bringen.«

Ein weiterer Aspekt dieser Wahrheit vom Leiden ist, dass sich alle Phänomene ändern und somit nichts beständig bleibt. Beim Unangenehmen haben wir gegen die Vergänglichkeit nichts einzuwenden, im Gegenteil, wir wollen, dass es so schnell wie möglich vorbei ist. So kämpfen wir nicht selten gegen Zustände, wie sie nun einmal sind, und wünschen uns herbei, was nicht ist. Diese Sichtweise beruht auf einem verblendeten Geist, der nicht klar zu sehen und nicht realistisch zu erkennen vermag. Er möchte ganz naiv, wenn wir mit lieben Menschen zusammen sind oder Erfolg haben, gemocht werden und schöne Gefühle über die Sinne erleben und dass all das uns möglichst lange erhalten bleibt, besser noch: niemals vergeht. Somit haften wir an all dem, was uns angenehm erscheint. *Leben* bedeutet jedoch: Alles, was existiert, verändert sich. Ein anderes Wort für Leben ist Vergänglichkeit. Geboren werden impliziert bereits, dass wir sterben werden. Haben wir einen intuitiven Zugang zu dieser Wahrheit, feiern wir das Leben selbst. Dann sind wir inmitten dieses Lebensflusses aufgehoben. Die meisten im Westen geborenen Menschen haben den Zugang zu diesen natürlichen Prozessen verloren, wie wir sie in jeder Pflanze, in jedem Atemzug, in jedem Herzschlag erkennen können. Ein spiritueller Prozess kann diesen Verlust heilen. Wir können dankbar sein, wenn wir in einem Kontext aufgewachsen sind, bei dem diese Prozesse weder versteckt noch verleugnet werden, wie das folgende Spiel zwischen Mutter und Kind zeigt:

»Mein Sohn liebt folgendes Spiel: ›Du bist die Mama, und ich bin ein Baby in deinem Bauch.‹ Ich muss ein Betttuch über uns breiten und zu ihm sprechen wie zu einem Ungeborenen. Dann kommt er irgendwann herausgekrabbelt, und ich begrüße ihn. Im Zeitraffer lernt er trinken, krabbeln, aufstehen und sprechen. Manchmal endet das Spiel nach einigen Wiederholungen damit. Manchmal spielt er weiter: ›Und jetzt bin ich tot.‹ Dann muss ich ein Betttuch über ihn breiten und über das Sterben sprechen. Ich sage ihm, dass der Körper wieder zu Mutter Erde zurückkehrt, so wie er aus seiner Mutter gekommen ist. Dass wir nackt ohne alles kommen und genauso auch, ohne irgendetwas mitnehmen zu können, wieder gehen. Was bleibt, ist das Gute, das er getan und so in die Welt gebracht hat. Menschen werden geboren und sterben wieder, genau wie Blumen und alles andere, was lebt.«

Wir werden eingeladen, auf unserem Praxisweg zu erforschen, wie Leid entsteht und sich durch unser Anhaften verstärkt. Wir dringen immer tiefer in die existenzielle Wahrheit und erkennen, dass wir an etwas festhalten, woran man gar nicht festhalten kann, weil sich alles Existierende ständig verändert. Wir wenden die Mittel und Methoden des Achtfachen Pfades an, erleben uns mit zunehmendem Klarblick und sich stabilisierendem Gleichmut. In all dem erkennen wir auch, dass und wie die Brahmaviharas von den vier Edlen Wahrheiten durchdrungen sind.

Der Buddha entwickelte großes Mitgefühl im Nachklang seines Erwachens, als natürliche Folge tiefen Loslassens. So wie die liebevolle Zuneigung ist auch Mitgefühl für Erleuchtete schlicht die natürliche Qualität ihres Daseins, vorausgesetzt ihr Praxisweg war erfüllt von diesem Streben nach Frieden und Mitgefühl. Wir brauchen allerdings nicht zu warten, bis wir befreit sind, um mitfühlend sein zu können. Mitgefühl und Güte sind zutiefst menschliche Fähigkeiten. Uns so oft wie möglich an sie zu erinnern und sie zu leben, ist unsere vornehmste Aufgabe auf unserem Weg zur Freiheit.

Starke Motivation – sanfte Geduld

Wenn wir erkennen, in welchem Umfang ablehnende und schwierige Gefühle uns und anderen Menschen Schaden zufügen, sind wir motiviert, einen heilsamen Umgang mit diesen Gefühlen zu kultivieren, sie vielleicht sogar immer mehr zu überwinden. Dieser Prozess wird durch die Metta-Praxis, das heißt die Kultivierung der heilsamen Emotionen, erreicht. Methodisch bedeutet es, dass wir den Geist auf ein Metta-Meditations-Objekt – zum Beispiel einen nahen Freund – lenken. Wir stellen uns vor, dass wir diesen Menschen mit der Metta-Energie, die aus dem eigenen Herzen strömt, anfüllen und umhüllen. Es ist nicht wichtig, ob wir die Metta-Energie bereits verspüren. Entscheidend ist unsere Intention, das eigene Herz zu entwickeln.

Die Metta-Praxis ist klar gegliedert. In einer bestimmten Reihenfolge wird Metta auf Personen und Personengruppen – die wir uns vor dem inneren Auge vergegenwärtigen – ausgestrahlt, jeweils verbunden mit sogenannten Metta-Sätzen. Meist beginnen wir bei uns selbst. Im Stillen formulieren wir die Metta-Sätze in Form klar formulierter Absichtserklärungen. Diese Sätze wirken wie Wegweiser, geistige Hinweise auf die Fähigkeit zur freundschaftlichen Zuneigung, letztlich zu allen Wesen. Es gilt, die Bedeutung der Sätze möglichst tief zu empfinden:

»Möge ich glücklich sein.«
»Möge ich frei sein von Leiden.«
»Möge ich inneren Frieden finden.«
»Möge ich achtsam mit mir sein.«

Leichter, als sich selbst Glück und Frieden zu wünschen, fällt es den meisten Menschen, sich mit einem Wohltäter, einer Wohltäterin oder einem nahen Menschen freundschaftlich zu verbinden. Wir visualisieren dann diesen Menschen und sprechen die Metta-Sätze:

»Mögest du glücklich sein.«
»Mögest du inneren Frieden finden.«
»Mögest du leicht durchs Leben gehen.«

Wenn sich das Herz entspannt, übertragen wir die Metta-Energie auf uns selbst, gehen weiter zu einem nahestehenden Menschen, lenken dann Metta auf Menschen, denen wir begegnen, die wir aber nicht gut kennen, um zu den Menschen vorzudringen, die für uns schwierig sind oder die uns verletzt haben. Letztlich wollen wir diese freundschaftliche Gestimmtheit auf alle Wesen ausstrahlen lassen und niemanden und nichts ausgrenzen, einfach weil es eine selbstverständliche Qualität des Herzens geworden ist.

»Mögen alle Lebewesen glücklich sein.«
»Mögen alle Lebewesen in Sicherheit leben.«
»Mögen alle Lebewesen Frieden finden.«

Wichtig ist von Anfang an die Intention, denn mit ihr beginnt die Übung zu wirken. Und wir brauchen Geduld, das bedeutet das Wissen, dass Dinge ihrer Zeit bedürfen, bis sie reifen.

Das Glück des Buddha gebiert sich nicht nur aus stiller Versenkung und wahrhaftiger Selbsterkenntnis, sondern setzt sich auch ganz konkret um und spiegelt sich in unseren Beziehungen wider, die auch die zu uns selbst mit einschließt. Wenn wir mit uns selbst einverstanden leben, wertschätzend und achtsam sind und uns verzeihen, wenn etwas anders läuft als erwartet, werden wir ohne große Anstrengung dazu übergehen können, anderen Menschen Glück und Frieden sowie körperliche und geistige Gesundheit zu wünschen.

15.
Mitgefühl – dem Leiden begegnen und die innere Kraft bewahren

Wenn wir helfen wollen, Leiden zu verringern, zum Beispiel in unserem Freundeskreis, in unserem Beruf oder in unserem sozialen Engagement, und gleichzeitig authentisch sein wollen, dann ist die Praxis von Mitgefühl angesprochen. Mitgefühl bedeutet, dass wir ein weiches Herz entwickeln, das sich dem Leben in seiner Gesamtheit öffnet. Gleichzeitig besitzt es eine Stärke, die sich von Schwierigkeiten und Sorgen nicht entmutigen lässt. Als Metapher kann uns eine Feder dienen. Innen befindet sich ein harter Kiel, außen der weiche Flaum. Innen hart – außen weich. Mitgefühl kann sich mit jedem Leiden verbinden, es zart berühren und gleichzeitig bleibt seine Kraft unerschütterlich bestehen. Wir sind vertrauter damit, uns hart abzugrenzen. Gleichzeitig fühlen wir uns innerlich unsicher, orientierungslos und verwirrt. Außen hart – innen weich. Begegnet uns etwas, das uns erschüttert, zerbrechen wir und verlieren unsere Ausrichtung. Was mit der Kraft des Mitgefühls verwechselt werden kann, ist das Mitleiden. Mitgefühl verbindet sich, Mitleid grenzt sich ab. Mitleid ist erfüllt von der Angst, die besagt, dass auch uns ein solcher Verlust oder Schmerz treffen kann. Damit grenzen wir uns von dem Menschen ab, der gerade unseres Mitgefühls bedarf. Auf dieser Ebene wollen wir uns nicht verbinden, obwohl uns im tiefsten Inneren bewusst ist, dass wir tatsächlich auch mit tiefem Schmerz in Berührung kommen werden. Vielleicht ist es nicht die gleiche Krankheit oder der gleiche Verlust, aber auch wir altern, müssen lieb gewordene Menschen loslassen und können krank werden. Auch überbordendes Mitleiden, das uns überschwemmt, wenn einem uns nahen Menschen ein Leid zustößt, ist nicht wirklich hilfreich.

Es gibt auch ein Bedauern, das ebenfalls kein Mitgefühl ist, ein »es tut mir leid, dass dir das passiert ist.« Gleichzeitig halten wir einen ordentlichen Sicherheitsabstand. Auch hier ist die Angst im Spiel. Ram Dass kommt zu einer sehr klaren Unterscheidung und sagt: »Mitgefühl ist die spontane Erwiderung der Liebe. Mitleid ist der unfreiwillige Reflex der Angst.« (Ram Dass/Gorman 1994, Seite 63) Mitfühlen heißt, dass wir uns in einen anderen Menschen einfühlen, ihm mit unserem Herzen nur zuhören und mitempfinden. Der leidende Mensch fühlt sich verstanden und braucht sich nicht selbst zu bemitleiden. Der erste Schritt zur Heilung ist vollzogen. (Siehe: Mettler-v. Meibom 2006, Seite 137 ff.)

Wie wir uns mit dem Leiden eines Menschen verbinden können, veranschaulicht die folgende Geschichte:

> »Ich treffe eine Freundin im Restaurant, das sie immer gern mit ihrem Lebensgefährten besucht hat. Vor einem halben Jahr ist er ganz unerwartet gestorben. Als mir Sabine davon erzählt, hat sie Tränen in den Augen. Die Trauer lähmt mich, lässt mich meine eigene Hilflosigkeit spüren. Mir fällt kein einziger tröstender Satz ein. Und das sage ich jetzt einfach. Aus einem Impuls heraus greife ich nach der Hand meiner Freundin. Und so sitzen wir schweigend da, und ich spüre eine Verbundenheit jenseits aller Worte.«

Wenn wir mit einem anderen Menschen, dem ein Leid zugestoßen ist, mitfühlen, stehen wir häufig unter dem Druck, die schwierige Situation lösen zu wollen. Vor allem, damit wir selbst davon erlöst sind, mit ansehen zu müssen, dass und wie jemand leidet. Das halten wir nicht gut aus und suchen vorschnell nach einer pragmatischen Lösung: »Hier hast du meinen Rat und nun schau, dass es dir schnell wieder gut geht.« In diesem Fall reagiert der Verstand auf das Leid und versperrt uns damit die Möglichkeit, über das Herz mit dem Leiden in Kontakt zu treten und zu bleiben. So kann es geschehen, dass sich der Trost suchende Mensch abgewehrt fühlt. Und das stimmt auch zum Teil. So wie es bei einem Kind geschieht, das schreit und schnell einen Schnuller in den Mund geschoben bekommt: »Hier nimm, den Schnuller und sei jetzt still.« Vor allem in einer professionellen Helferrolle geraten wir schnell unter Druck, etwas *machen* zu müssen.

Wie können wir uns mit Leidenden so verbinden, dass wir uns weder zu sehr abgrenzen müssen noch in eigenen Emotionen verloren gehen? Wie können wir einem leidenden Menschen mit innerer Stärke und gleichzeitig Offenheit begegnen? Mitgefühl ist genau die Qualität, die dem Leid heilend begegnen und es transformieren kann.

- Wie gehst du mit Leiden, zum Beispiel mit einer Grippe, um?
- Bist du verzweifelt oder nimmst du dir ein paar Tage Zeit, um zu entspannen und zu regenerieren?
- Was wäre, wenn du arbeitslos würdest?
- Wäre das eine Zeit der Freiheit, in der du dich neu orientieren könntest, oder hieße das, dass du dich endgültig wertlos fühlen würdest?
- Wenn dich jemand verlässt: Ist das ein Grund, nun jeden Abend eine Flasche Wein zu trinken oder dich zu fragen, was du in der Beziehung alles nicht gelebt hast und nun endlich tun könntest?

Mit anderen Worten: Ob wir leiden oder ob wir uns gerade in einem Lernprozess befinden, entscheidet die geistige Reaktion auf eine Schwierigkeit. Es entsteht spürbar tiefer Respekt, wenn wir von ernstlichen Verletzungen und Schwierigkeiten hören, in die Menschen hineingeraten sind, die es dann geschafft haben, ihr Herz nicht zu verschließen. Die zudem Schmerzpausen im größten Schmerz zulassen konnten und die Zuversicht erfahren haben in scheinbar ausweglosen Situationen. Ayya Khema ermutigte uns immer wieder neu, Leid nicht als etwas zu betrachten, das uns unglücklich macht, sondern zu erkennen, dass Leid die beste Lehrerin sein kann.

Perfektionismus und überhöhte Ansprüche

Bemühen wir uns aktiv um mehr Mitgefühl, dann müssen wir uns darauf gefasst machen, dass auch die Praxis des Mitgefühls tückische Fallen bereithält. Identifizierung und Idealisierung sind auch hier treue Begleiter, denen wir unsere Aufmerksamkeit schenken sollten. Denn wir werden nicht zu Heiligen, die immer nur gut und für andere selbstlos da sind. Begriffe wie Perfektion und Vollkommenheit können uns auch hier in eine schwierige Lage bringen (siehe dazu auch Kapitel 9).

Wir wissen, dass sich alles Existierende ständig verändert. Endet dieser Prozess, wird es starr und damit auch tot. Ist mit Perfektion ein Zustand gemeint, der keiner Veränderung mehr bedarf, dann lässt dies auch keine Entwicklung mehr zu. Ein *perfekter Erleuchteter* wäre in diesem Sinne, wenn wir das konsequent zu Ende denken, ein toter Erleuchteter. Ebenso wenig wie es den perfekten Garten geben kann, im Sinne von »so bleibt er nun«, so wenig kann es den perfekten Menschen geben. Vielleicht wollte das der berühmte Cellospieler Pablo Casals ausdrücken, der als 93-Jähriger auf die Frage, warum er immer noch täglich übe, antwortete: »Weil ich das Gefühl habe, täglich besser zu werden.« Er hätte auch sagen können: »Ich übe, weil ich lebe.« Indem wir nichts mehr um den Preis der Perfektion verleugnen oder verdrängen, entsteht eine tiefe Akzeptanz und damit Integration. Wir werden vollständiger, jedoch nicht vollkommen.

Warum helfen wir?

Fragen wir einmal nach der unserem Mitgefühl zugrunde liegenden Absicht. Vielleicht sind wir mitfühlend, weil wir uns Anerkennung versprechen, vielleicht auch als Vorsorge für eine Zeit, in der es uns selbst einmal schlecht geht. Da wir in einer Gesellschaft leben, die nicht darauf ausgerichtet ist, die Wertschätzung für alles Leben auszudrücken, laufen wir alle mit einem Mal-mehr-mal-weniger-Mangel an Wertschätzung herum. Wenn wir selbst ihrer bedürfen, fällt es uns gleichzeitig schwer, sie anderen zu geben. Wenn wir aus dieser Mangelerfahrung heraus etwas mit der Idee geben, dass dann irgendwann auch einmal für uns etwas abfällt, führt das zwangsläufig zu Frustration. Nicht nur bei uns, sondern auch bei denen, auf die sich unser erwartungsvolles Mitgefühl richtet. Es entstehen Rollen und Erwartungen – wie die der aufopfernden Mutter, des stets dankbaren Sohnes, der stets verständnisvollen Therapeutin, der immer glücklichen und offenen Meditationslehrerin, der immer leistungsbereiten Angestellten – und wenn diese eines Tages nicht mehr haltbar sind, dann bricht etwas zusammen. Nicht nur unsere idealisierten Konzepte, sondern wir selbst, da wir versucht haben, diesen Idealen gerecht zu werden. Vielleicht ist es dann wichtig, zu spüren und zuzulassen, dass auch ein Helfer Hilfe benötigt, eine Mutter etwas nur für sich braucht, der Guru sich abwendet von seinen Schülern, weil er sich regenerieren muss.

Mitgefühl und Anteilnahme sind frei von Bilanzierung im Sinn von: So wie ich für dich da war, als es dir schlecht ging, musst du für mich da sein. Mitgefühl entsteht aus einem Herzen, das satt und zufrieden ist, sich verbunden und sicher fühlt, kraftvoll und in Vertrauen gegründet ist. Mitgefühl verschenkt sich aus einem gewissen Überfluss und Reichtum heraus. Um dahin zu kommen, durchlaufen wir einen tief greifenden Transformationsprozess. Diesen Transformationsprozess setzen wir in Gang, indem wir gegen uns selbst ehrlich und wahrhaftig sind. Wir bemühen uns erst einmal fürsorglich um uns selbst und sind uns bewusst, dass wir ein gesundes Maß an Entspannung und Zeit für uns brauchen, indem wir uns aus dem alltäglichen Treiben zurückziehen, um die Sinne vor der ununterbrochenen Flut an Eindrücken zu schützen. Das ist ein Akt des Mitgefühls für uns selbst. Mitgefühl braucht inneren freien Raum, um sich zu entfalten. Jemandem, der keine Zeit hat, innezuhalten, zu spüren und bewusst zu erleben, was in diesem Augenblick vor sich geht, ist der Zugang zum Mitgefühl verschlossen. Sich selbst zu genießen oder einfach Zeit zu verträumen, erlauben wir uns nur selten, weil wir denken, wir müssten immer effizient sein oder hätten es nicht verdient oder es stünde uns nicht zu. Oder wir denken an all die Menschen, denen es schlecht geht, die von Kriegen und Katastrophen bedroht sind. Da können wir uns nicht so ohne Weiteres auf unser Sofa legen und Mozart oder Bob Dylan hören oder Löcher in die Luft starren.

All diese verwirrten Konzepte wandeln wir eines nach dem anderen um. In jedem Augenblick wenden wir uns dem zu, was ist. Sind wir heute nicht bei der Hundestaffel in einem Katastrophengebiet, ist es universell gesehen ein Akt des Friedens, wenn wir in diesem Augenblick mit uns selbst mitfühlend umgehen. Dann entsteht Energie, die uns in dem Moment zur Verfügung steht, wenn jemand unserer Hilfe bedarf. Mit Leiden in Berührung zu sein bedeutet nicht, immer mit einer traurigen Miene umherzulaufen, weil wir den ganzen Weltschmerz in unser Herz einlassen. Menschen, die zu tiefem, stabilem Mitgefühl fähig sind, können sehr fröhliche und humorvolle Menschen sein. Der Dalai Lama ist ein sehr gutes Beispiel dafür. Die besten

Voraussetzungen dafür, um anderen Menschen oder Lebewesen zur Seite stehen zu können, schaffen wir, wenn wir Weisheit entwickeln. Und das wiederum bedeutet, wir haben unser eigenes Leiden und seine Ursache erkannt, Mitgefühl mit uns entwickelt und die Heilkraft von Metta wirklich erlebt. Je klarer wir uns selbst erkennen, desto klarer erkennen wir unser Gegenüber und können ihm hilfreich zur Seite stehen.

16.
Grenzen beim Helfen

Vor allem da, wo Situationen mehrdeutig und unkontrollierbar sind, kommen wir beim Helfen schnell in Konflikte. Wenn beispielsweise ein uns nahe stehender Mensch im Sterben liegt und wir nicht wissen können, wann es so weit ist. Der Sterbeprozess kann sich vielleicht noch Wochen oder Monate hinziehen. Dann geraten wir in Schwierigkeiten, weil wir nicht wissen, ob wir heute schon hinfahren sollen oder es in Ordnung ist, es erst nächste Woche zu tun. Hier brauchen wir Vertrauen, dass sich der nächste Handlungsschritt spontan entfalten wird.

> *»Mein Vater lag im Sterben, und meine Mutter war voller Panik. Sie befanden sich beide dreitausend Meilen von mir entfernt. Ich hatte eine eigene Familie zu versorgen und eine feste Anstellung. So kamen dann alle diese bekannten Fragen auf mich zu: ›Wann sollte ich bei ihnen sein? Wann sollte ich zuhause bleiben oder zur Arbeit gehen? Wann sollte ich anrufen oder mich anrufen lassen? Welche medizinischen Entscheidungen – wie die Frage, ob mein Vater daheim bleiben oder ins Krankenhaus sollte – sollte ich treffen? Was sollte ich sagen und wie sollte ich es sagen?‹*
>
> *Ich dachte unendlich lange über diese Fragen nach, bis ich an einem Punkt anlangte, an dem ich sah, dass ich damit aufhören musste. Mein Geist streikte einfach. So unternahm ich dann einen Spaziergang oder ich beobachtete an der Flussmündung zum Meer Ebbe und Flut. (...) Solches und ähnliches tat ich. Manchmal hörte ich in mir: ›Richtig! Jetzt ist es Zeit, dass*

ich bei ihnen bin. Ich werde in zwei Wochen fahren und zehn Tage dort bleiben.‹ Oder: ›Nein! Ich sollte jetzt vorsichtiger mit meinen Ratschlägen sein.‹ Oder: ›Gott ist bei ihnen!‹ Es kam mir dabei darauf an, das wahrzunehmen, was sich als richtiger Weg erwies – als richtiger Gedanke. Dieser schien sich immer wie aus dem Nichts zu manifestieren, aber ich vertraute ihm und fühlte mich als Ergebnis immer voller Frieden. Es stellte sich heraus, dass es eine sehr zuverlässige und inspirierende Weise war, um mit der Problematik umzugehen. Während der gesamten Zeit seiner Krankheit und durch all die wilden besorgten Anrufe hindurch spürte ich, wie mir Antworten zukamen. (...) Und schließlich befand ich mich mit ihnen zusammen, hielt die Hand meines Vaters und hatte den Arm um meine Mutter gelegt, als er starb.«
RAM DASS/GORMAN 1994, Seite 106

Letztlich gilt: Es gibt sie nicht, die *absolut richtige Entscheidung*. Es gibt nur den subjektiv erlebten Fall und der will subjektiv entschieden werden. Wenn wir helfen wollen, kommen wir also zwangsläufig in moralische Konflikte.

Was ist mit unserer Spontaneität, wenn es darum geht, jemanden zu unterstützen oder zu trösten? Dürfen wir einer Freundin absagen, die gerade unserer Hilfe bedarf, wir aber am nächsten Tag in Urlaub fahren und noch nicht gepackt haben? Oder wir sehen den ehemaligen Mann einer Freundin, die sehr an dieser Trennung leidet, die erst vor wenigen Wochen ausgesprochen wurde, in vertrauter Umarmung mit einer anderen Frau. Sollen wir der Freundin davon berichten, obwohl ihr der Mann versichert, dass es keine andere Frau gibt? Bei diesen Fragen wird deutlich, dass wir ein solides ethisches Fundament brauchen und die Gewissheit, dass wir unsere eigenen Kräfte einschätzen müssen, wenn es darum geht, mitfühlend und hilfreich zu sein. Dürfen wir wirklich Widerstand zulassen, da wo es um Mitgefühl geht? Vielleicht entdecken wir Zweifel, Schuldgefühle, Angst und Ekel bei dem Wunsch nach aktivem Mitgefühl? Eine Frau erzählte mir in einer Beratung, dass es ihr schwerfiel, ihre Mutter zu besuchen, da diese langsam verwahrlost und sie sich vor ihrer Mutter zu ekeln begann. Gleichzeitig plagten sie heftige Schuldgefühle. All diese Verunsicherungen gehören zur Praxis des Mitgefühls dazu. Wir kommen in moralische Konflikte und bleiben authentisch. Es kann sein, dass wir erst einmal Mitgefühl mit uns selbst aufbringen müssen. Denn sich vor der eigenen Mutter zu ekeln tut weh. Diese mitfühlende Selbstfürsorge wird uns weicher machen, öffnen, und nach und nach können wir dann auch dort mitfühlen, wo wir uns zuvor noch abwenden mussten.

Offenheit und Grenzen setzen

Wenn wir hören, Mitgefühl ist Offenheit und Weite, symbolisiert durch den Mond, der grenzen- und bedingungslos strahlt, dann fragen wir als moderne Menschen, was denn mit unseren Grenzen ist. Besteht bei der Praxis, in der wir zu diesem grenzenlosen Mitgefühl aufgerufen sind, nicht die Gefahr, in einen selbstlosen Altruismus abzugleiten? Vor allem, wenn dem eine Unfähigkeit zugrunde liegt, eigene Grenzen wahrzunehmen?

Viele von uns – vor allem Frauen – haben in ihrer Kindheit schwierige Erfahrungen machen müssen. Unsere Grenzen wurden verletzt – meist von Vertrauenspersonen –, als wir sie noch nicht selbst schützen konnten. Das kann so weit gehen, dass das Gefühl von intakter Abgrenzung verloren gegangen ist. In der Folge ist es schwierig geworden zu unterscheiden, ob wir uns in einer Situation herausfordern und öffnen oder Grenzen setzen sollten.

Psychologisch sprechen wir von der Fähigkeit zu gesunder Abgrenzung. Das heißt, wir können erkennen, wo wir *nein* sagen müssen, und lassen uns nicht dazu überreden, irgendetwas zu tun, womit wir uns selbst verletzen. Viele von uns spüren allerdings die Grenze erst, wenn sie sich gekränkt fühlen. Beispielsweise wenn jemand respektlos mit ihnen umgeht. Diese Kränkung löst dann Wut bei uns aus, und wir müssen den anderen Menschen heftig abwehren, indem wir uns abrupt abgrenzen und radikal zurückziehen. Leider geht es uns selbst dann auch nicht gut. Vielmehr haben wir uns so grundlegend verschlossen, dass wir uns selbst nicht mehr spüren.

Nun spricht der Buddhismus davon, dass es ein Ziel der Praxis sei, unsere Grenzen aufzulösen, uns zu öffnen und anzunehmen, was ist. Das heißt aber nicht, dass wir nicht mehr auf uns achten und uns konstruktiv abgrenzen dürfen, wenn es nötig ist. Darüber hinaus lernen wir uns durch Achtsamkeit und Bewusstheit so gut kennen, dass wir eine Art Frühwarnsystem ausbilden, eine Feinfühligkeit, sodass wir rechtzeitig unser *Nein* aussprechen können. Gelingt uns das, sind wir uns in dieser Phase unserer Abgrenzung darüber bewusst, dass wir den Rückzug brauchen und nicht der andere Mensch etwas falsch gemacht hat. So verletzen wir weder uns noch andere. Das wäre dann – psychologisch formuliert – eine gelungene Abgrenzung. Diese Kunst, uns zwischen dem Ziehen und dem Auflösen von Grenzen frei zu bewegen, ist eine der schwierigen Aufgaben in unserem Reifeprozess und liegt im Zwischenraum zwischen Psychotherapie und spiritueller Übung. Sind wir häufiger in einem Zwiespalt und wissen nicht, ob wir uns für Offenheit oder Grenzsetzung entscheiden sollen, dann können wir einmal Folgendes überprüfen:

- Hast du gelernt, rechtzeitig wahrzunehmen, wenn du dich überfordert fühlst oder etwas für dich brauchst?
- Leidest du im Kontext deiner Metta-Praxis mehr als vor deiner spirituellen Praxis?

- Bist du nach einem Akt des Mitgefühls, der Beratung oder Begleitung eines leidenden Menschen erschöpft?
- Hast du das Gefühl, sehr viel zu geben und selbst leer auszugehen?
- Bist du gekränkt und hast keine andere Wahl mehr, als dich vollkommen zu verschließen?

Falls wir eine oder mehrere dieser Fragen bejahen, dann sind wir in Missverständnissen verstrickt. Für einige Zeit wird es dann unsere Aufgabe und Übung sein, auf gesunde Weise unsere Bedürfnisse zu spüren und für sie zu sorgen. Das schließt ein, *Nein* sagen zu dürfen und zu können. Es gibt die absurde Vorstellung, buddhistisch praktizierende Menschen seien bedürfnislos, bräuchten kein Lob, keine Anerkennung, keine Geschenke, seien zudem grenzenlos belastbar und immer bereit zu helfen. Außerdem seien sie nie ärgerlich oder streng. Das ist widersinnig und kontraproduktiv für die Entwicklung eines gesunden Selbstbewusstseins und -vertrauens. Wir entwickeln uns zu beherzten Menschen, die ebenso praktizieren. Das bedeutet, wir integrieren die Unsicherheit im Umgang mit uns selbst und fordern uns zu den Entwicklungsschritten heraus, die wir fürchten. Da kann es sein, dass es wichtig ist, nicht »die andere Wange hinzuhalten«, sondern klar und deutlich *Stopp* zu sagen. Das kann durchaus auch einmal mit Nachdruck geschehen – davon erzählt diese kleine Geschichte von der wehrhaften Frau mit dem Schirm, die viele Frauen in meinen Retreats begeistert hat.

»Eine junge Schülerin machte es sich zur Aufgabe, die Meditation der Herzensgüte zu erlernen. Sie saß in ihrem kleinen Zimmer und füllte ihr Herz mit liebender Güte für alle Wesen, aber jeden Tag, wenn sie im Basar ihr Essen holen wollte, wurde ihre

Herzensgüte von einem der Ladeninhaber schwer geprüft, der sie täglich mit unwillkommenen Liebkosungen überschüttete. Eines Tages konnte sie es nicht länger ertragen und scheuchte den Ladeninhaber mit ihrem erhobenen Schirm die Straße hinunter. Zu ihrer größten Verlegenheit kam sie an ihrem Lehrer vorbei, der am Straßenrand stand und das Spektakel beobachtete. Zutiefst beschämt blieb sie vor ihm stehen und erwartete, dass er sie wegen ihres Zornes tadeln würde. ›Was du tun solltest‹, riet der Lehrer freundlich, ›fülle dein Herz mit liebender Güte und schlage mit so viel Achtsamkeit, wie du aufbringen kannst, diesem unverschämten Kerl deinen Schirm auf den Kopf.‹«
FELDMAN/KORNFIELD 1991

Gerade diejenigen, die nicht gelernt haben, sich konstruktiv abzugrenzen, sind anfällig für altruistische Lehren, die von grenzenlosem Mitgefühl sprechen, von Verbundenheit und dem absoluten *Ja* zu allem, was uns begegnet. Es ist nicht leicht, sich hier einzugestehen, dass es vielleicht für uns um etwas anderes geht. Nicht grenzenlose Offenheit ist unser individueller Lernschritt, sondern klare Abgrenzung. Das ist für die Menschen, die das nicht gelernt haben, ein Meilenstein auf dem Weg zur Freiheit und auch auf dem Weg zu einer reifen Persönlichkeit.

Hier befinden wir uns an der Schnittstelle zwischen dem Aufbau eines gesunden Selbstbewusstseins und der Erfahrung von grenzenlosem Einssein. Es sind schlichtweg zwei völlig verschiedene Seinszustände, die weder vermischt noch verwechselt werden dürfen. Jeder hat seine Berechtigung, und sie sind niemals unabhängig von ihrem Kontext zu sehen. Wenn es darum geht, dass wir *Nein* sagen als ein Akt des Mitgefühls oder der Wertschätzung und Freundschaft uns selbst gegenüber, dann ist das unsere Übung. Das ist weder schlecht noch gut, sondern das, was es ist. Diese Schritte sollten wir nicht überspringen.

Wir sprengen unsere Grenzen nicht von heute auf morgen, denn dann könnten wir Schaden nehmen. Es ist ein langsamer

Prozess der Grenzerweiterung und Öffnung. Bis wir erkennen: Alles ist in allem enthalten. Wir sind in allem enthalten. Alles ist in uns enthalten. Keine Trennung. Nichts zum Festhalten. Das ist eine Erfahrung, die unsere derzeitig empfundenen Grenzen transzendiert, und es gibt dann keine Irritation, sich in dieser Offenheit zu bewegen.

Helfersyndrom und Identifizierung mit der helfenden Rolle

Wir wissen, was sich alles beim Helfen beimischen kann, vor allem in helfenden Berufen. Das Helfersyndrom belegt, dass das Helfen nicht aus einem selbstlosen, freien Raum geschieht, sondern verknüpft ist mit einer Reihe von Erwartungen und dem eigenen Zwang, zu helfen. Der Helfer versucht, in allen sozialen Beziehungen der Gebende, Stärkere oder Versorgende zu sein. Daraus resultieren Frustrationen bis hin zum Burnout. (Schmidbauer 1977 u. 2002)

Eine weitere Gefahr beim Helfen ist jene Trennung, die auftritt, wenn wir zur Rolle werden. Wie erstarrt sind wir in unseren Rollen? Können wir es uns erlauben, von Schülern zu lernen, wenn wir eine Lehrerin sind? Können wir zulassen, dass Klienten uns eine Lektion erteilen und unseren Erkenntnisprozess fördern? Wie wäre es, wenn sich die Rollenfixierungen wieder ein wenig aufweichen ließen? Und wir infolgedessen weniger Rolle und mehr Menschsein zuließen?

Wichtig ist, dass wir nicht nur einen Spielraum im Einnehmen, Auflösen und Verabschieden der Rollen haben, sondern auch eine hohe Flexibilität in den verschiedenen Identitäten wie Frau, Deutscher, Sekretärin, Mutter, Tischler, Freundin und so weiter. Genauso wie eine gute Schauspielerin in eine Rolle hineinschlüpft und wieder heraus, wenn sie Feierabend hat, sollten auch wir unsere Rollen ausfüllen und uns davon mit Leichtigkeit lösen können. Nichts ist unangenehmer als zum Beispiel eine Freundin, die Therapeutin ist und in ihrem privaten Bereich nicht anders kann, als auch hier die Psychodynamik ihrer Freundinnen zu hinterfragen. Oder ein Amtsträger, der sich zu Hause weiter wichtig nimmt. Oder ein Dozent, der kaum noch dialogfähig ist, da er auch außerhalb seiner Seminare weiter *doziert*. Je stärker die Identifikation mit den Rollen und Identitäten, den Meinungen und Ansichten, den Selbstbildern, desto gefährdeter sind wir, wenn sich davon etwas auflöst oder infrage gestellt wird. Wie festgefahren wir in einer Rolle sind, merken wir sehr schnell, wenn wir uns einmal vorstellen, dass sich diese Rolle auflöste, zum Beispiel durch den Verlust der Arbeit, den Verlust des Partners oder den Verlust der Gesundheit.

> *»Jedes Modell vom Selbst, ob positiv oder negativ, begrenzt unsere Fähigkeit des Helfens. Jede Form, mit der wir uns identifizieren, jede Rolle, an der wir uns verhaften, ist letztlich unvollkommen und vergänglich. Sie kann sich in einem einzigen Moment auflösen – durch einen Verlust, ein Unglück ...«*
> RAM DASS 1994, Seite 50

Je mehr wir uns selbst auf eine Rolle reduzieren, desto mehr müssen wir unser Gegenüber auf einen bestimmten Aspekt seiner Persönlichkeit oder Situation begrenzen, nämlich auf den, bei dem es unserer Rolle bedarf. Wir werden quasi abhängig davon, dass es Menschen gibt, die krank, hilfsbedürftig, arm, unwissend oder verblendet sind. Wenn wir so etwas bei uns bemerken, sollten wir aufpassen. Alle Probleme entstehen, so sagt der Buddha, weil wir *jemand Besonderes* sein wollen. Genau dieses *jemand sein zu müssen* lassen wir durch die buddhistische Praxis los, und als Wirkung erfahren wir eine tiefe Bestätigung unseres Wesens. Im Grunde genau das, was wir als *jemand* gesucht haben. Wir beginnen, wahrhaftig und authentisch zu sein. Und es wird möglich, dass wir trotz oder gerade wegen unserer Verwundbarkeit und Brüchigkeit anderen eine Hilfe sein können.

Selbst ratlos sein
und doch viele beraten können.
Selbst gebrochen sein
und doch vielen als Halt dienen.
Selbst Angst haben
Und doch Vertrauen ausstrahlen.
Das ist alles Menschsein,
ist wirkliches Leben.
MARTIN GUTL

Worin sind wir gegründet? In unseren verschiedenen Identitäten? Dann wird es schwierig, denn diese verändern sich. Im reinen Gewahrsein? Das bedeutet, dass wir eine Alternative haben und wir nicht mehr ausweglos identifiziert sind. Wir sind in jedem Moment frei, in denen wir Offenheit und Weite erleben und aus diesen heraus von Augenblick zu Augenblick handeln.

Sich getrennt oder verbunden fühlen

Der buddhistische Weg ist ein Weg, der über unsere Idealisierungen und Fixierungen, in denen wir Sicherheit suchen, ohne sie darin zu finden, hinausführt. Die Anweisung lautet auch hier, immer wieder loszulassen. Schließlich brauchen wir ein Erleben, das uns spürbar bewusst macht, dass wir ein fließender Prozess sind. Wir können uns von den unerbittlichen Fixierungen immer wieder neu lösen, indem wir mit Humor auf unsere kleinen Dramen schauen. Die Frage ist, aus welcher Haltung heraus wir helfend eingreifen. Aus der Haltung, die uns suggeriert, dass wir getrennt von allem existieren, oder aus dem Gefühl des Verbundenseins? Bei Letzterem handeln wir mit weniger Angst. Wir sind offener dafür, unser Gegenüber wirklich verstehen zu wollen, und überwinden damit die Tendenz, die anderen so haben zu wollen, wie wir sie brauchen. Dann sind wir nach einem langen Arbeitstag in einem helfenden Beruf am Abend vielleicht rechtschaffen müde, aber nicht ausgebrannt. Es lohnt sich, an der Überwindung unseres Gefühls des Getrenntseins zu arbeiten. Herz und Verstand werden dabei miteinander ringen. Letztlich müssen wir beide Kräfte integrieren. Das Herz möchte alles geben, und es kennt keine Grenzen. Der Verstand ist derjenige, der Grenzen setzt und darin seine Aufgabe sieht. Diesen Konflikt gilt es zu meistern.

17.
Nach Erreichen des Gipfels kommt der Abstieg

Erleuchtung – Freiheit – Erwachen – Nirvana. Was kann uns mehr zur Idealisierung verführen als solche machtvollen Konzepte? Denn solange wir Freiheit und Nirvana nicht erfahren haben, sind es lediglich Konzepte, so wie alle anderen Konzepte auch. Zum Glück hat die Verarbeitung der Erleuchtungserfahrung im westlichen Kulturkreis – ich spreche lieber von Erwachen oder Befreiung – die Phase zu starker Idealisierung überwunden. Jedenfalls finden wir ausreichend Literatur, wenn wir uns kritisch mit diesem Ziel der Praxis auseinandersetzen möchten. (Vergleiche Lassalle 1966, Kapleau 1992, Kornfield 2001, Caplan 2002)

Unser spiritueller Entwicklungsprozess bedarf eines Ziels, einer Ausrichtung, sodass wir nicht in der Mannigfaltigkeit der Geschehnisse verloren gehen. Das Ziel spiegelt uns zurück, dass wir uns auf einen umfassenden Transformationsprozess des Geistes eingelassen haben. So verhindern wir, dass wir uns in der Mittelmäßigkeit verfangen und sagen: »Ein bisschen achtsamer zu werden, das reicht mir.« Wir gehen Umwege, ringen mit Missverständnissen und kehren aus Sackgassen wieder zurück. Wir geben zu, ein Ziel zu haben, auch wenn wir primär auf den Prozess verwiesen werden. Wir negieren bei einer Bergtour ja auch nicht den Gipfel. Das Erwachen, die innere Freiheit vom Anhaften, das Erkennen der Wirklichkeit, wie sie ist, das Erlangen von Nirvana ist das Ziel unseres Weges.

In der buddhistischen Lehre gibt es klare Definitionen und Beschreibungen des Ziels, aber wir müssen uns vorsehen, kein zu festes Bild vom *Erwachen* zu erschaffen. Denn wir wissen: Um in diesen Bereich vordringen zu können, müssen wir alle Worte, Vorstellungen und Bilder radikal hinter uns lassen. Der Zen-Buddhismus hat sich ganz geschickt aus diesem Dilemma herausgewunden, indem er die letzte Wahrheit als Paradoxon ausdrückt oder in hintergründigen Geschichten vermittelt – eine elegante und ästhetische Lösung. Der Theravada-Buddhismus ist durchaus auch poetisch, jedoch weniger paradox. Hier werden die Dinge möglichst systematisch und analytisch erklärt. Auch das hat seine Berechtigung. Grundsätzlich gebührt dem Thema Respekt, Bescheidenheit und Mut, sodass wir den Anweisungen der Meisterinnen und Lehrer bis zum Gipfel folgen können. Aber wir brauchen auch ein wenig Respektlosigkeit, um nicht in falscher Ehrerbietung zu erstarren. Die Schwierigkeit, über Erwachen zu sprechen, hängt auch mit unserer Kultur zusammen. Da ist kein vorbereiteter Acker, sondern eher wildes Land, das zu bestellen ist. In den westlichen Ländern fällt Erleuchtung nicht in einen kulturellen Kontext, der das Thema zurückspiegelt. Das ist in den östlichen Kulturen vollkommen anders. Hier sind Wege zur Erleuchtung eingebettet in eine jahrtausendealte religiöse Tradition.

Was ist Nibbana?

In der Sanskrit-Sprache heißt das Ziel Nirvana, in Pali Nibbana. Es wird auch das Bedingungslose, das Ungeschaffene, das, was keine Geburt und damit keinen Tod kennt, das Todlose, genannt. Es ist ohne Anfang und folglich ohne Ende. Es ist die einzige wirkliche Sicherheit, weil jegliche Suche zur Ruhe gekommen ist. Nibbana zu erfahren bedeutet, im Nachklang tiefen Frieden zu erleben. Nibbana ist jedoch kein *Ort*. Es kann letztendlich nicht *erreicht* werden. Es ist jenseits von Zeit und Raum und jenseits von Existenz und Nichtexistenz. Folgen wir den vier

Edlen Wahrheiten, bedeutet Nibbana, dass alles Leiden überwunden ist, weil die Ursache von Leiden aufgehoben ist. Wenn wir das ständige Kämpfen, das ungezügelte Begehren und die verwirrte Sichtweise aufgegeben haben, erleben wir die Befreiung von jeglichem Leiden. Das ist Nibbana.

Wie machen wir uns auf den Weg? Indem wir den Wegbeschreibungen folgen. Und deren gibt es viele. Im Zen-Buddhismus gibt es die Ochsenbilder als eine Landkarte auf dem Weg zur Erleuchtung, die mehr an das magisch-mythische Verständnis rührt. In der burmesischen Einsichts-Tradition (*Vipassana*) haben wir es mit einer sehr detaillierten Prozessanalyse zu tun. (Mahasi Sayadaw 2004) Indem wir das Begehren und Anhaften überwinden und den Gleichmut stabilisieren, gelingt uns ein immer tieferes Durchdringen der Vergänglichkeit aller Objekte. Gehen wir den Weg des bewussten Ein- und Ausatmens (*Anapanasati*), dann kombinieren wir die Ruhe- und die Einsichts-Methode. (Buddhadasa Bhikkhu 2002) Allen zugrunde liegen die vier Edlen Wahrheiten.

Drei notwendige Bedingungen werden im Pali-Kanon benannt, die uns den Weg zum Gipfel bahnen. Wir müssen erstens davon überzeugt sein, dass es für uns absolut notwendig ist, in unserem Leben Befreiung zu erreichen. Aufgrund dessen sind wir zweitens vollkommen entschlossen, den Weg bis zum möglichen Ziel zu gehen, und drittens brauchen wir volles Vertrauen in das Vorhaben und in uns, dass wir wirklich Befreiung erfahren werden. (Visuddhi-Magga) Der erste Durchbruch zu Nibbana ist ein Anfang. Wir sind *in den Strom eingetreten, der zur Freiheit führt,* und haben für einen Moment ein Erlöschen jeglicher Reibung erlebt. Es ist ein Erleben, das sich vollkommen von allem bisher Erlebten unterscheidet. Es geschieht plötzlich und unvermittelt und kann sehr gut als ein Sprung bezeichnet werden. Wir erleben einen Stillpunkt, an dem es nichts zu erkennen gibt, denn da ist niemand, der das erlebt. Es ist also keineswegs die Erfahrung von Einssein, das heißt eine Ausdehnung des Bewusstseins und die Verschmelzung mit dem Meditationsobjekt. Es ist vielmehr ein Loslassen ins Unbekannte, ins Nichts, und da gibt es einen Moment, in dem kein Beobachter mehr vorhanden ist.

Alles, was den Weisen noch gefangen hielt,
das löst sich auf,
wenn über alle Gegensätze er hinausgegangen.
DHAMMAPADA, Vers 384

Der nächste Moment ist das Wissen, dass der Sprung ins Nichts vollzogen wurde, was mit einem Gefühl überwältigender Freiheit verbunden ist. Wir sind berührt, voller Freude und sehr klaren Geistes, vor allem fühlen wir uns leicht. Eine große Last wurde abgeworfen, und uns wird bewusst, wie unsinnig es ist, ständig um Anerkennung, Respekt und Liebe zu ringen. Die unmittelbare Wirkung dieses Erlebens kann ein paar Stunden oder auch Tage anhalten. Dann ist auch das vorbei. Am besten nehmen wir all das nicht zu persönlich.

Nach dem Aufstieg kommt der Abstieg

Haben wir den Gipfel erreicht, genießen wir den Rundblick und die freie Sicht, das Angekommensein am höchstmöglichen Punkt. Dieses Erwachen, diese spontane Verwirklichung ist jedoch nicht das Ende des Weges. Es ist wie bei einer Bergtour. Sind wir am Gipfel angelangt, kommt unweigerlich der Abstieg auf uns zu. Zu viele Konzepte über Erwachen führen zu der Vorstellung, dass mit ihr unsere Entwicklung abgeschlossen oder zumindest auf den Höhepunkt gebracht worden sei. Das ist jedoch nicht so. Wir haben lediglich das beste Fundament, um zu üben. Was wir in der Folge aus dieser Erfahrung machen, liegt an uns und den Faktoren, die uns unterstützen oder hemmen, und das hängt von unserem Lebenskontext ab. Wir brauchen weiterhin Wahrhaftigkeit, Kreativität, Nüchternheit und vor allem gute Freundinnen und Lehrer.

Wenn wir die Erfahrungsberichte einiger Menschen auswerten, finden wir weitere Hinweise auf die Wirkungen im Zusammenhang mit diesem Erleben. Für einige ist es verwirrend, dass sich nicht mehr ereignet und sie immer noch ärgerlich werden oder sogar in eine Depression fallen können. Das heißt, dass sie nicht nachhaltig glücklich, gelassen, heiter und immer klaren Geistes sind. Welch ein Mut, wenn Menschen, sagen: »Gut, ich habe ein solches Erlebnis gehabt, aber – ehrlich gesagt – ich erlebe dennoch Wut, Ärger und Neid in mir und gerate hin und wieder in Depressionen«, wie auch folgende Schülerin berichtet:

> »... Es war in jedem Fall ein Höhenflug nach dem Durchbruch, verbunden mit dem Empfinden einer wirklichen Errungenschaft, doch im ganz normalen Lebensalltag konnte ich das Selbstbild einer Frau, die fortan stets vom Gipfel der Erkenntnis aus versteht und handelt, nicht aufrechterhalten. Ich verweigerte trotzig den Abstieg vom Gipfel, wollte oder konnte einfach nicht wahrnehmen, dass ich noch immer genau so verwundbar war wie zuvor, dass weder meine Fähigkeit, mich zu ärgern, noch die Selbstzweifel, Ängste oder depressiven Reaktionen überwunden waren. Ich brauchte dann längere Zeit, um meinen Irrtum zu verstehen und mir selbst verzeihen zu können. Ich hatte mich komplett überfordert mit meinen unrealistischen Erwartungen.«

Erwachen bedeutet also nicht, dass wir keine Schwierigkeiten mehr erleben, und ist keine Garantie, dass wir nachhaltig zentriert sind. Wir brauchen immer wieder Werkzeuge, die uns ausgleichen. Die einzige Garantie für die weitere Entwicklung ist die eigene beharrliche Übung. Das ist einer der Gründe, warum die Willenskraft die entscheidende Fähigkeit ist, die uns auf den Weg bringt und vor allem hält. Vieles kann uns motivieren, aber ohne Beharrlichkeit nützt das beglückende Gefühl eines Momentes unendlicher Liebe nicht viel – dann ist es lediglich dieser eine Moment, dem keine dauerhafte Kraft innewohnt. Diese Kraft entsteht durch die unermüdliche, treue Übung in all ihren Aspekten – von der Achtsamkeit über die Sammlung bis hin zur Weisheit. Wir müssen unseren Stolz und unsere Eitelkeit überwinden, die uns glauben machen, höhere oder andere Übungen zu brauchen, vielleicht etwas Neues oder Besonderes. Sollte das bewusste Ein- und Ausatmen wirklich zur vollen Befreiung über die subtilen Bewusstseinszustände und die damit verbundene Weisheit führen? Ja, es bleibt dabei. Die Übungen sind und bleiben einfach, unser Verstehen ist verblendet und desorientiert. Wir brauchen Vertrauen (Weichheit), gepaart mit der Willenskraft, die wiederum von der Entschlusskraft angefeuert wird (Härte), um uns nicht aufhalten zu lassen auf dem Weg zu Schönheit (Ethik), innerer Achtsamkeit und Weisheit.

Allerdings ist es für uns zur Gewissheit geworden: Es gibt niemanden mehr, den wir – außer uns selbst – zur Verantwortung ziehen können, wenn es um unseren inneren Frieden geht. Das Entscheidende ist, dass sich alle Zweifel an der Lehre und ihren Methoden für immer aufgelöst haben. Die dritte Edle Wahrheit, die Freiheit von jeglichem Leiden, wurde verwirklicht. Die Praxis hat nun enormen Schwung bekommen, und wir quälen uns nicht mehr, sondern praktizieren mit Enthusiasmus, auch wenn es anstrengend wird. Zumindest für eine Zeit, denn auch das kann und darf sich ändern. Eine weitere Fessel wurde ebenfalls nachhaltig gelöst, nämlich der Glaube an ein eigenständig existierendes Selbst. Wir haben erkannt, dass alles Existierende bedingt ist. Und die dritte Wirkung ist, dass wir nicht mehr daran glauben, Riten und Rituale könnten zur Befreiung führen. Einzig die Läuterung von Herz und Geist entscheidet darüber, ob wir inneren Frieden finden werden. Nicht selten haften

Praktizierende, die einen Durchbruch erlebt haben, an dieser Erfahrung an und werten damit die eigene Person auf, die jetzt jemand ist, die eben den ersten Befreiungsschritt getan hat. Manche landen hart, was aber damit zu tun hat, wie sich das eigene Leben gerade gestaltet. Zum Beispiel ob wir uns in einer Krisensituation befinden oder in unserer Persönlichkeit verunsichert sind. Eine harte Landung ist ein schmerzhafter Prozess, der aber, wenn er integriert wird, auch zu einer tiefen Reifung der Persönlichkeit führt.

In der *Visuddhi-Magga* wird sinnbildlich von einem Sprung auf das andere Ufer eines Wassergrabens gesprochen. Mit jedem Sprung lockern und lösen sich weitere Fesseln. Mit dem ersten Durchbruch ist das anhaftende Begehren noch nicht aufgelöst, es wurde nicht einmal angetastet. Erst die nächsten Befreiungsstufen werden in dieser Hinsicht erlösend wirken. Wir haben also weiterhin mit Ablehnung und Begehren zu tun. Machen wir uns das nicht klar, kann es zu einer Verdrängung dieser Impulse kommen. Und das wiederum bedeutet, dass wir einen Rückschritt auf dem Weg zur Transformation blockierter Kräfte machen. Denn wir können nichts transformieren, was wir nicht wahrhaben wollen. Daher wird in den Schriften betont, dass wir im Rückblick auf eine solche Erfahrung erkennen: Diese Fesseln sind gelöst, jene eben noch nicht. Die meisten mystischen Erfahrungen geschehen, wenn Menschen einen Augenblick lang ihre gewohnte Kontrolle über ihr Leben loslassen und zulassen, dass etwas, das sich außerhalb dieser Kontrolle befindet, ihr Erfahrungsfeld betritt. Die Antwort auf unsere Suche, die eigene Begrenzung zu überwinden, ist somit die Hingabe.

18.
Integration ist Überwindung

Indem wir die buddhistische Praxis unserem Werden und Sein, unserem Denken und Handeln zugrunde legen, sind wir auf dem Weg, ein freier Mensch zu werden. Damit ist ein Mensch gemeint, der im reinen Gewahrsein ruht und im Einklang mit sich selbst, der Persönlichkeit, lebt. Es ist ein Mensch, der sich der wahren Natur seiner selbst bewusst ist und gleichzeitig in der Welt seiner Zeit aktiv ist, sich dort bewegt und handelt. Kurz: ein Mensch, der seinen Möglichkeiten entsprechend voll entwickelt oder gereift ist und der integriert, was er erfährt und erkennt. Ohne Integration ist weder umfassende Weisheit noch umfassendes Erwachen möglich.

Integrieren wir unsere Erfahrungen, kommt unser Leben ins Fließen, weil nichts mehr ausgegrenzt wird. Und ein Leben ohne Grenzen bedeutet, wir erfahren Freiheit und Frieden. Die Überwindung der Hindernisse durch Integration geschieht bereits dadurch, dass sie nicht mehr als *Störfelder* betrachtet werden, sondern als eine Ausdrucksform des Seins. Durch diese Anerkennung entsteht eine völlig neue Sichtweise. Integration selbst ist ein Prozess. Es kann sein, dass wir einen Schmerz integrieren und dadurch erkennen, wie Leiden und die Freiheit davon entsteht. Aber leben wir dann auch konsequent danach? Was ist, wenn kurz darauf wieder ein Schmerz auftaucht? Integrieren wir ihn spontan, oder kämpfen wir erst einmal ein paar Runden? Geht das Verstehen noch nicht tief genug, dann kämpfen wir. Und dieses Kämpfen kann dann durchaus relevant sein für die aktuelle Entwicklungsstufe unserer Persönlichkeit.

Gleichzeitig werden wir in einer nächsten Phase darüber hinausgehen.

Der Übergang von einer Entwicklungsstufe zur nächsten vollzieht sich nicht unbedingt fließend, weil die Angst an jeder Schwelle zu einer nächsten Stufe wacht. Das ist wie das Zahnen beim Baby. Damit feste Nahrung aufgenommen werden kann, müssen Zähne wachsen. Das ist eine notwendige Entwicklungsstufe für das Kind, aber erst einmal verursacht das Schmerzen sowie Widerstand gegen den Schmerz. Ohne Schmerzen wachsen wir nicht in eine neue Entwicklungsstufe hinein. Deshalb kann ein Schmerz ein positives Zeichen sein. Je bewusster wir unsere Erfahrungen verarbeiten, desto mehr können wir erkennen, dass gewisse Verengungen notwendig sind, um etwas Weites zu ermöglichen. Das heißt, wir müssen durch die Angst hindurch. Übertragen wir den Integrationsprozess auf den Verlauf unserer meditativen Praxis, dann bedeutet das zuzulassen, dass mit jeder Entwicklungsstufe Angst in ihren unterschiedlichen Facetten einhergeht, meist gefolgt von Widerstand gegen diese Angst. Wenn das Alte nicht mehr trägt und das Neue noch nicht errungen ist, entsteht eine Krise, die von Angst und deren Abwehr begleitet wird.

Nachfolgend zeige ich beispielhaft einige Stationen des Entwicklungsprozesses auf, die im Kontext der modernen Samatha-Vipassana-Tradition erlebt werden, ohne damit ein Stufenmodell des Erwachens niederschreiben zu wollen. Je nachdem, welchen der vielen Wege in der buddhistischen Tradition wir gehen und welche der unzähligen Techniken wir nutzen, gestaltet sich ein Reifungsprozess, der von ähnlichen Herausforderungen geprägt sein wird.

Wir bekommen die ersten formalen Anweisungen zur Meditation, sind jedoch gerade in einen Konflikt verstrickt, den wir nicht loslassen können. Unaufhörlich kreisen unsere Gedanken um diesen Konflikt. Zum Beispiel fühlen wir uns von einem

Menschen ignoriert oder abgelehnt, und alles in uns widersetzt sich, diesem Menschen zu verzeihen. Dann kämpfen wir eine Weile. Erst wenn wir erkennen, dass wir durch die Abgrenzung und den damit verbundenen Groll uns selbst Schmerzen zufügen, sind wir bereit, einen Schritt weiterzugehen. *Wir öffnen uns dem Prozess, zu vergeben.*

Wir beginnen mit der Meditation, aber der Anweisung, Gedanken ziehen zu lassen, vermögen wir nicht zu folgen. Dann denken wir uns neue Konzepte aus: »Das ist nichts für mich ... ich bin einfach unfähig ... die Methode kann nicht funktionieren, sie ergibt überhaupt keinen Sinn ... der Lehrer ist unfähig ... alle, die hier sitzen, sind scheinheilig.« Alles in uns wehrt sich, und wir kommen nicht auf die Idee, anzuerkennen, dass wir diese Gedanken haben. Immer wieder berichten wir dem Lehrer: »Ich habe so viele Gedanken, ich kann nicht meditieren«, und immer wieder hören wir von ihm: »Das ist in Ordnung so.« Für eine Zeitspanne fühlen wir uns erleichtert. Und dann stecken wir erneut im Widerstand fest. Dann gilt es, den Perspektivenwechsel zu vollziehen und zu erkennen, dass wir zwar Gedanken haben, sie aber nicht sind und vor allem ihren Inhalten keinen Glauben schenken müssen. Jeder Gedanke, der aufkommt, ist ja kurz darauf schon wieder verschwunden. Dieser Kampf gegen die Gedanken verursacht Schmerz. Je heftiger die Abgrenzung, desto größer der Schmerz. Wenn es uns dann eines Tages gelingt, die *Gedanken zu etikettieren* und sie aus der Perspektive der inneren Beobachterin zu erfahren, indem wir sie erkennen, benennen und sie ihrem Wesen nach erforschen, enden sie verrückterweise. Sie sind da, und gleichzeitig kommen und gehen sie. *Und in dieser Akzeptanz wird der Geist ruhiger. Wir haben einen weiteren Schritt getan.*

Um unseren Geist aufzuhellen und freundlicher werden zu lassen, beginnen wir in einer nächsten Phase mit der Praxis zur

Entwicklung von liebevoller Zuwendung (Metta-Praxis). Es verursacht einen tiefen Schmerz, festzustellen, wie viel Enge wir in der Herzgegend spüren, wie viel Selbstabwertung und Verzweiflung, Verachtung, Schuld und Scham in uns vorhanden sind. Es scheint uns widersinnig, uns in diesem Zustand als lebendigen Menschen wertzuschätzen und uns aus einer freundlichen Perspektive anzuerkennen. Wieder kämpfen wir ein paar Runden. Und dann, eines Tages machen wir eine neue Erfahrung, indem wir *mit einer unserer Schattenseiten respektvoll* umgehen und sie in ihrem tieferen Wesen erforschen können. Der entscheidende Wendepunkt ist auch hier, dass wir die Erfahrung annehmen, erkunden und vor allem erkennen, wie wir unser Leiden durch *unsere Reaktionen zu verantworten* haben. Wir üben uns im weisen Umgang mit allen Emotionen und körperlichen Empfindungen, ganz gleich, ob sie angenehm oder unangenehm sind. Ein weiterer Schritt ist vollzogen.

Dann geht es um *Mitgefühl,* weil wir auch die anderen Wesen leiden sehen. Aber wir müssen uns abgrenzen, weil uns das Leiden, an dem wir Anteil nehmen, zu sehr erschüttert. Sich jedem Leiden gegenüber öffnen zu können, ob damit Verwirrung, innerer Aufruhr oder Ekel verbunden ist, scheint nur ganz wenigen Menschen möglich zu sein. Das ist nichts für uns. Wir verlieren uns, indem wir den Schmerz nicht zulassen und so tun, als seien wir mitfühlend. Hier müssen wir an einer starken Blockade arbeiten. Sich dem Leiden zuzuwenden steht völlig gegen unser Gewohnheitsmuster, immer das Angenehme zu suchen und das Unangenehme zu vermeiden. Bleiben wir beharrlich der Übung treu, erleben wir eines Tages das kraftvolle, in Weisheit gegründete Mitgefühl und sind erstaunt, wie natürlich es da ist. Die Voraussetzung ist allerdings, dass wir *unserem eigenen Leiden begegnet sind* und erkannt haben, dass wir in ihm einen der tiefgründigsten Lehrer finden können.

Wir bekommen weitere Anweisungen und lenken nun mit entspanntem Herzen die Achtsamkeit auf den Atem. Die Kontinuität der Achtsamkeit führt zur Konzentration, und wir erleben sanftes Glück und Zufriedenheit. Wir befinden uns inmitten eines kraftvoll formalen Meditationstrainings. Und dann kommt die weitere Anleitung, nämlich mit dem Objekt ganz und gar zu verschmelzen und kein Gegenüber mehr zu haben. Nichts mehr, woran wir uns festhalten können. Das bedeutet für den ungeübten Geist, einem Abgrund zu begegnen. Haben wir den Mut, uns ganz hinzugeben? Wenn ja, gelangen wir in die *Bewusstseinszustände der meditativen Vertiefungen*, von Freude bis zur tiefen Ruhe, verbunden mit stabilem Gleichmut.

Von dieser Erfahrung der meditativen formhaften Vertiefungen aus geht es weiter in die *formlosen Vertiefungen*, vorausgesetzt, der Ruheweg steht uns offen. (Vergleiche: Ayya Khema 2007, Ajahn Brahm 2007) Auch wenn wir nun geübt sind, vertiefte Bewusstseinszustände zu erleben, so kann an dieser Schwelle wieder ein Schrecken, eine Angst auftauchen. Es kann bedrohlich sein, unendliche Weite zu erleben, wenn da etwas auftaucht, was irgendwie herausragen will. Auch diesen Schrecken lassen wir hinter uns.

Durch die bisherigen Erfahrungen haben sich Vertrauen und Weisheit in uns ausgebildet, was uns weiterhilft. Wir vertrauen der Praxis und dem sich vollziehenden Befreiungsprozess. Dann erleben und erkennen wir eine weitere Dimension des Einsseins, die unendlich und wirklich nicht mehr getrennt ist. Der Geist beginnt nach einer solchen Erfahrung zu rekapitulieren. Zuerst sind wir begeistert von dem, was wir erfahren haben. Dann kommt die Einsicht, dass auch das wieder vergangen ist. Verlieren wir uns in der Anhaftung an diese Stufen? Ganz gleich, ob sich das auf die angenehmen Empfindungen der Vertiefungen oder die damit verbundenen Einsichten bezieht. Es ist eine Frage der Entwicklung der Persönlichkeit, wie wir das, was wir da erfahren, nutzen können, um einen weiteren Entwicklungsschritt zu tun. Für einige kommt es hier zur Stagnation. Wenn wir unsere Tendenz, an diesen *angenehmen Erfahrungen anzuhaften, überwinden,* dann durchlaufen wir den Einsichtsprozess in zunehmend differenzierter Erkenntnisfähigkeit und sich vertiefendem Gleichmut.

Fällt es uns schwer, den Geist zur Ruhe zu bringen, lassen wir den Pfad der Ruhemeditation hinter uns und arbeiten entschlossen an der *Kontinuität unserer Achtsamkeit.* Sie wird uns aus jedem Dunkel wieder ans Licht führen, aus jeder Verwirrung in die Einsicht.

Der *Einsichtsprozess* beginnt, wenn der Geist von stabiler Achtsamkeit erfüllt ist. Eine Achtsamkeit, die tief in die Phänomene von Körper und Geist einzudringen vermag. Die damit verbundenen Einsichten wirken befreiend. Aber auch hier tut es wieder weh. Plötzlich wird in diesem Prozess deutlich, dass wir alles hinter uns lassen müssen. Es ist ein Empfinden, dass der Sog, der bisher von der Welt ausgegangen ist, nicht mehr existiert. Wir selbst reagieren auf die verschiedenen Sinneseindrücke nicht mehr wie ein Magnet und haben zutiefst erkannt, dass in den Objekten weder Frieden noch Freiheit, noch Liebe zu finden ist. Es ist eine Art *Ernüchterung, verbunden mit einem heilsamen Schrecken.* Wir brauchen auch hier den Mut, nicht von unserem Ziel und dem beharrlichen Training abzulassen.

Immer weiter praktizieren wir, indem wir *Konzepte auflösen,* die unaufhörlich dem jeweils Erfahrenen ihren Stempel aufdrücken. Vor allem Begriffe wie Erleuchtung und Erwachen sind mit massiven Konzepten besetzt. Nicht nur bevor das Bewusstsein darin erwacht, sondern auch noch danach. Es kommt auch hier auf die Reife der Persönlichkeit an, inwieweit sie diese Erfahrung zu durchdringen und zu integrieren vermag. Wenn wir an Grenzen stoßen, sollten wir nicht so eitel sein zu glauben, wir bräuchten keine Hilfe. Es kann sein, dass sich gerade durch eine solche Erfahrung ein nicht integrierter Teil unserer Persönlichkeit meldet, der Aufmerksamkeit benötigt.

Zwischen all den beschriebenen Prozessen befindet sich ein Übergangsgebiet, in dem es gilt, einen Schrecken, eine Angst zu integrieren, um den nächsten Reifeschritt zu tun. Sind wir bereit, es mit der Angst aufzunehmen? Dann erinnern wir uns an die Methoden der Integration, die auf der jeweiligen Stufe gelehrt werden, und praktizieren, als ginge es um unser Leben. Es geht um unser Leben. Wenn wir unentschlossen sind, dann praktizieren wir mit dem, was widerstehen möchte. Seien wir ganz anwesend damit und drängen wir uns nicht. Aber seien wir bereit, dass sich in jedem Augenblick eine Änderung abzeichnen kann.

Je tiefer die Erfahrung, desto verwunderter reagieren wir, wenn wir Ängste wahrnehmen. Wir sind doch schon *so* weit. Wieso können da Ängste auftreten? Die Ängste entstehen aufgrund der Konzepte. Wenn wir mit der Erfahrung identifiziert sind, dann sind wir blockiert und beginnen wieder von vorn.

Die Entwicklung wird immer weitergehen, ohne dass ein Ende absehbar wäre. Wenn wir denken, dass wir uns zu einem freundlichen, sanften, verständigen Menschen entwickeln, dann sollten wir aufpassen, dass uns dieses Konzept nicht genau ins Gegenteil katapultiert, nämlich zu einem besserwisserischen, arroganten, moralisierenden Menschen, der sich selbst erhöht, indem er andere entlarvt. Wollen wir das dann nicht zulassen, werden wir uns abschotten, und die Freiheit eines integrierten Menschen rückt in weite Ferne. Es geht darum, wie wir unser Leben authentisch leben können.

Epilog:
... und immer (noch) unterwegs ...

Unterwegssein

In vielen von uns brennt die Sehnsucht nach Freiheit, nach dem Göttlichen oder einfach danach, nach Hause zu kommen. Diese Sehnsucht ist eine Art von konstruktivem Begehren. Wenn diese nach Freiheit oder Liebe verlangende Flamme in uns spürbar glüht, dann stellt sich die Frage, ob wir bei unserer Suche bleiben oder ob wir es uns unterwegs hier und dort gemütlich machen, weil diese Sehnsucht scheinbar gestillt wurde. Daran wäre nichts auszusetzen, wenn nicht gleichzeitig auch die existenzielle Orientierung dabei verloren ginge. Schnell lassen wir uns täuschen, und dann vergessen wir, dass wir auf der Suche nach einem tieferen Frieden waren. Sind wir ungeduldig, werden wir schnell ein Gänseblümchen pflücken und die *blaue Blume* als unerreichbares Ziel enttarnen. Dann erlischt diese Flamme in uns, diese konstruktive Sehnsucht. Wir können nicht verhindern, dass wir abirren, sollten aber nicht aufhören, wieder und wieder innezuhalten, um den Ruf erneut zu vernehmen. Wir begeben uns abermals auf unseren Weg, nicht ermattet und geschlagen durch die Verirrung, sondern ermutigt, geklärt und erneuert durch die Erfahrung und die damit verbundene Einsicht. Das wird sich so oft wiederholen, bis wir eines Tages in uns hineinhorchen und wieder diese Entschlossenheit, die nach Freiheit verlangt, in uns vernehmen. Dann wird uns bewusst, dass es unsere Aufgabe ist, in dieser Ausrichtung wach zu bleiben und unsere Passion im Unterwegssein zu erleben und gleichzeitig genau da anzukommen und uns zu Hause zu fühlen, wo wir uns gerade befinden.

Leiden

Im Verlauf des Buches war oft davon die Rede, wie wir unser Scheitern oder Versagen und unsere Krisen und Verunsicherungen nutzen können, um in tiefere Schichten des Verstehens vorzudringen. Wir gelangen in unserem Leben immer wieder an eine Stelle, an der es nicht weitergeht und wo wir vor allem auch nicht weiterwissen. Alle vertrauten Wege und bekannten Mittel greifen nicht mehr. Wir sind in einem positiven Sinn erschüttert. Befinden wir uns in einer solchen Situation, dann haben irgendwelche Vorstellungen versagt; wir sind enttäuscht, gekränkt, verwirrt oder erschöpft. Wenn wir nun einen Zustand, der noch nicht existiert, herbeizwingen oder genau den, der sich zeigt, bekämpfen wollen, dann zerstören wir mit der Schwerkraft des Greifens und Wegdrängens die Zartheit eines möglichen Aufbruchs. Ist die Situation objektiv katastrophal, so ändert sie sich schlagartig, wenn wir mit Offenheit statt mit Verzweiflung darauf reagieren. Mit dieser Offenheit ermöglichen wir uns einen Bewegungsraum, sodass wir uns auch in dieser Situation entwickeln können. Wir suchen inmitten dieser Turbulenzen nach Klarheit, Vertrauen und Frieden. Es geht nicht darum, dass irgendetwas bleibt oder verschwindet, sondern dass unser Bewusstsein so flexibel ist, dass wir uns jedem Geschehen öffnen und verschiedene Perspektiven einnehmen können.

Wir drehen den Spieß um: Leiden verhindert nicht unser Glück, sondern führt uns zur Weisheit und lässt uns letztlich Glück erfahren. Wenn wir dem Leiden in all seinen Formen nicht begegnen wollen, ihm also ausweichen, können wir es nicht überwinden. Wir können uns entwickeln. Die Frage ist nicht, *wohin*, sondern, *wie*. Eine Antwort kann sein: indem wir ungezügelte Emotionen und Süchte erkennen und umwandeln, Trägheit, die mehr schadet, als es den Anschein hat, überwinden und den verwirrten Geistes befreien. Nicht das Festhalten-Wollen ist eine tragfähige Lebensmaxime, sondern das Loslassen. Und wir nähren nicht die Vorstellungen, die uns suggerieren, getrennt und unabhängig zu existieren, sondern wir nutzen die Methoden, die uns zu einem echten Erleben von Verbundenheit und Einssein führen.

Vergänglichkeit

Im Prozess des Ringens erkennen wir, dass wir uns nicht nur dem Leiden, sondern auch der Vergänglichkeit stellen müssen. Das haben wir nicht erwartet, denn wir dachten, dass es um ein klares Profil gehe, um eine Sicherheit im Wissen um die eigene Identität. Immer dann, wenn wir denken, dass wir es geschafft und begriffen haben, und aufs Neue geneigt sind, unsere jetzige Erkenntnis als endgültig anzusehen, machen wir uns damit zum Experten. Das bedeutet, wir erstarren in Konzepten aufgrund gewisser Erfahrungen, die wir erlebt haben. Aber alles Errungene ist ja schon verblasst und vergangen, sobald wir es durchdringen. Prozesse können nicht beherrscht und kontrolliert werden. Sie sind eben, was sie sind: flüchtig, immer in Bewegung und nie endend.

Interesse am Leben bedeutet, am gesamten Lebensprozess interessiert zu sein. Wenn wir unsere Übung so sehen können, bleiben wir unserer existenziellen Orientierung treu. Wenn wir nur an besonderen Erlebnissen interessiert wären, dann würden wir alle anderen Erfahrungen weder wertschätzen noch für unseren Entwicklungsprozess nutzen und somit stagnieren und zurückfallen. Also sind wir letztlich an *Prozessen* interessiert, und es geht weniger darum, Probleme lösen und Erklärungen finden zu wollen, als vielmehr Freude zu erfahren, die entsteht, während wir die Prozesse erforschen. So dringen wir in immer tiefere Schichten des Bewusstseins ein. Die Wandlung beginnt, wenn wir uns so annehmen, wie wir sind. Dann steht uns nichts mehr im Weg, um uns ganz in diesem Moment auf die Erfahrung einzulassen. In einer Atmosphäre von Akzeptanz erleben wir Augenblicke der Herzensöffnung und sind tendenziell frei von Begehren und Widerstand, weil es Momente sind, in denen wir nichts zu beanstanden haben und glücklich oder zumindest in Frieden sind.

Zulassen

Wir brauchen die Fähigkeit, die Dinge geschehen zu lassen, sie zuzulassen und dabei bewusst zu sein. Dann sind wir bereit, etwas zu entdecken, das uns *so* noch nie zu Bewusstsein gekommen ist. Unser Befreiungsprozess nimmt daraufhin seinen eigenen Lauf. Wir benötigen Vertrauen, um das zuzulassen, was sowieso geschieht. Dieser weite Raum des Vertrauens und die Hingabe an den Augenblick sind etwas Zartes. Durch Vorstellungen, wie etwas sein soll, wird dieses Zarte sofort zerstört. Ein flüchtiger Moment der Zuneigung, eine Sekunde der Möglichkeit einer Begegnung hat nicht die Chance, von uns wahrgenommen zu werden. Wir bilden ein inneres Gewahrsein aus, das durch die Übung immer stabiler wird. Als Folge davon vertieft sich auch das Vertrauen, und wir müssen zunehmend weniger manipulieren und kontrollieren. Vertrauen zu können, bedeutet, dass wir immer wieder für Augenblicke das Machen und Greifen unterlassen. Schließlich wird es still.

Die große Stille
War nie
Von uns
Getrennt

Wir waren es
Die sie
Im
Stich ließen. CHAO-HSIU CHEN

Uns wird bewusst, dass jeder Widerstand Leiden bedeutet. Jeder Widerstand gegen den Lebensstrom tut weh. Vertrauen wir dem Lebensprozess, dann erleben wir Sicherheit und können zulassen, was sich ereignet. Aber auch dieses Vertrautwerden mit dem Vertrauen in den Prozess ist ein Prozess, der Zeit und Geduld erfordert. Geduld ist die Kraft, die warten kann, wenn etwas aussichtslos ist, bis sich das Blatt wendet. Über die Jahre werden wir immer wieder wanken und im Zwischenbereich von der Verblendung zu Momenten der Klarheit hin- und hereilen. Von Erlebnissen der Härte gegen uns selbst zu solchen der Fürsorge und des Mitgefühls. Von Augenblicken der Selbstbezogenheit zu Erfahrungen der Demut und der Großzügigkeit und Dankbarkeit. Wir bewegen uns vom Machen zum Sein, von der Erkenntnis zum nicht-wissenden Schweigen.

Leben ist ein Balanceakt, eine Pendelbewegung, die nie stillsteht. Es geht hin und her, auf und ab. Mal stürmt es, und dann wieder scheint die Sonne. Das ist weder gut noch schlecht. Es ist, was es ist. Es kommt uns nicht mehr in den Sinn, eines davon ausschalten oder daran anhaften zu wollen. Und dabei durchdringen und ergänzen sich gegenseitig Materie und Geist, das Zeitlose und das Vergängliche, Nibbana und Samsara, Form und Leere. All das sind Erscheinungsformen der Ganzheit. Sie hängen voneinander ab, und unser Erleben von Einssein führt uns zu dieser Dimension, die uns einen Geschmack von Freiheit gewährt. Was bleibt, ist die unmittelbare Gegenwärtigkeit, und aus der Reife entsteht dann rechtes Handeln zur rechten Zeit.

Innehalten

Krisenzeiten und Zeiten der Verunsicherung und Verwirrung brauchen unsere Bereitschaft, innezuhalten. Vielleicht morgens oder abends eine Viertelstunde, vielleicht auch länger. Auch kurze Momente des bewussten Innehaltens zählen, da wo wir einem Kind bei einem Spiel zuschauen, uns die ersten Knospen im Frühling bewusst vergegenwärtigen, einer Kassiererin im Supermarkt unsere ganze Aufmerksamkeit schenken. Wir zeigen damit unsere Bereitschaft, dass Vertrauen oder Weisheit durchblitzen darf. Dieses Innehalten betrifft sowohl unseren Alltag als auch ein vollständiges Sichzurückziehen aus unseren täglichen Verpflichtungen. Wenn wir uns ganz auf den spirituellen Weg einlassen, suchen wir immer wieder bewusst Zeiten abseits der alltäglichen Verpflichtungen. Es bedeutet, dass wir uns mit all dem, was uns derzeit bewegt, auf den Rückzug begeben, um es dem Schweigen und dem reinen Gewahrsein darzubringen und zu betrachten. Die spirituelle Praxis bezieht sich auf unser gesamtes Leben. Integrieren wir sie nicht in unseren Alltag, dann unterliegen wir einem grundlegenden Irrtum. Dann brauchen wir Mut und die Bereitschaft, zu hinterfragen statt schon zu wissen, sowie Geduld, damit wir nicht vorschnell eine Wegstrecke wählen, die auf bereits von uns ausgetretene Pfade führt.

Wer sind wir?

Wir haben die Aufgabe, unsere Möglichkeiten zu erkennen und sie in die Welt zu bringen. Das Erkennen geschieht in der Stille und beim Erleben von Einssein, da wo wir die Vorstellung von uns als abgegrenztes, getrennt existierendes Wesen hinter uns lassen. Wir haben erkannt, dass wir die Vorstellung von Perfektion hinter uns lassen müssen, um uns in dem zu erkennen, was und wie wir geworden sind, in all den Facetten unseres Werdens und Seins. In diesem Prozess der Integration gewinnen wir uns selbst zurück, nicht vollkommen, aber in der uns möglichen Vollständigkeit.

Das ist die Grundlage, auf der wir frei wirken können und unser Potenzial nicht nur potenziell, sondern aktuell zur Wirkung kommt, ohne zu fordern, dass wir immer auf höchstem Niveau agieren. Schöpferische Prozesse integrieren unser Kämpfen und trotziges Widerstehen, unseren Druck und unsere Unruhe. (Zur Vertiefung: Brodbeck 1999)

Allein: Wir sind und bleiben wahrhaftig. In dieser Authentizität und Zugeneigtheit zur Wahrheit können wir auch lieben. Und diese Liebe vereint uns mit allen Mystikerinnen und Mystikern aller Traditionen in allen Kulturen.

Danksagung

Von ganzem Herzen bin ich allen dankbar, die in den letzten fünfzehn Jahren an meinen Retreats, Meditationstagen und der Stadtpraxis in Hamburg teilgenommen und mich durch die gemeinsame Praxis, Fragen und Berichte inspiriert und gelehrt haben. Das Buch zeigt einen Ausschnitt dessen, was uns bewegt hat. Ich danke allen Schülerinnen, die mir Erfahrungsberichte und selbst verfasste Gedichte für das Buch zur Verfügung gestellt haben.

Die Idee zu diesem Buch hatte Ulli Pastner. Sie hat umfangreiches Material gesichtet und zum Teil überarbeitet. Ihr ist es zu verdanken, dass ein überzeugendes Konzept entstehen konnte. Ich danke ihr für die kreative Zusammenarbeit und dass sie so großzügig ihre Zeit zur Verfügung gestellt hat.

Traudel Reiß danke ich für erfolgreiche Vermittlungstätigkeit, Ermutigung und ein sorgfältiges und zuverlässiges Lektorat. Susanne Klein danke ich für die engagierte Betreuung von Verlagsseite.

Michaela Schumacher und Peter Gäng haben eine frühere Ausgabe gelesen, und beiden verdanke ich wertvolle inhaltliche Hinweise, kontinuierliche Begleitung, Ermutigung und vor allem inspirierende Tage gemeinsamer Diskussion. Durch beide habe ich viel gelernt.

Weiterhin möchte ich Christel Koper, Ulrike Röder und Paul Stammeier meinen Dank fürs Lesen des Manuskriptes und ihr konstruktives Feedback aussprechen sowie Irene Below für das Korrekturlesen.

Cornelia Höller-Schramm danke ich für Formulierungshilfe und so manchen Tipp. Unerwartet kam Margret Baumann kurz vor Abgabe des Manuskripts hinzu und gab ihm den letzten Schliff. Auch ihr bin ich sehr dankbar verbunden.

Mein besonderer Dank gilt meinen buddhistischen Lehrerinnen und Lehrern, insbesondere Ayya Khema, die mich mit der Lehre und der Meditation vertraut machte und mich eines Tages aufforderte, selbst zu lehren.

Sylvia Kolk
Wulfsfelde, Mai 2009

Literatur

Ajahn Brahm: Im stillen Meer des Glücks, München 2007
Ajahn Chah: Erfahrbare Freiheit, Kandersteg 1995
Akong Rinpoche: Den Tiger zähmen, Zürich/München/Berlin 1993
Ayya Khema: Meditation ohne Geheimnis, Küsnacht 1988
Ayya Khema: Die Kunst des Loslassens, Uttenbühl 2007
Bear, Eli Jaxon: Das spirituelle Enneagramm. Neun Pfade der Befreiung, Bern 2006
Beck, Joko Charlotte: Einfach Zen, München 1995
Behan, Brendan Francis, in: Millman, Dan: Erleuchteter Alltag, Bern/München/Wien 1998
Brodbeck, Karl-Heinz: Entscheidung zur Kreativität, Darmstadt 1999
Buddhadasa Bhikkhu: Anapanasati, München 2002
Caplan, Mariana: Verwandle Misserfolg in Erfolg, Petersberg 2003
Caplan, Mariana: Auf halbem Weg zum Gipfel der Erleuchtung, Petersberg 2002
Chao-Hsiu Chen: Das buddhistische Buch der Liebe, Bergisch Gladbach 1997
Chao-Hsiu Chen: Im Tempel der Stille, Bergisch Gladbach 2000
de Wit, Han F.: Buddhistischer und westlicher Geist, Petersberg 2001
Dass, Ram/Gorman, Paul: Wie kann ich helfen? Berlin 1994
Dass, Ram: Vom Guru zum Weggefährten, in: Wilber, Ken, Ecker u. a.: Geister, Gurus, Menschenfänger, Frankfurt/Main 1995
Dhammapada, aus dem Pali übersetzt von Nyanatiloka, Uttenbühl 1992
Eurich, Claus: Die heilende Kraft des Scheiterns, Petersberg 2006
Feldman, Christina/Kornfield, Jack (Hg.): Geschichten des Herzens, Freiamt 1991
Fromm, Erich: Zen-Buddhismus und Psychoanalyse, Frankfurt/Main 2007
Fronsdal, Gil/van House, Nancy: Buddhismus für den Westen, Freiamt 2002

Galli, Johannes: Entdecke den Clown in dir. Heitere Gelassenheit finden, Freiburg/Basel/Wien 2000

Gebser, Jean: Ursprung und Gegenwart, Bd. I bis III, in: Gesamtausgabe, Schaffhausen 1986

Gebser, Jean: Vorlesungen und Reden zu Ursprung und Gegenwart, Gesamtausgabe Bd. 5/2, Schaffhausen 1986

Glassman, Bernard: Zeugnis ablegen. Buddhismus als engagiertes Leben, Berlin 2001

Goleman, Daniel: Emotionale Intelligenz, München/Wien 1995

Huber, Cheri: Nichts an Dir ist verkehrt – Ungewöhnliche Wege zur Selbstakzeptanz, München 2004

Kapleau, Philip: Die drei Pfeiler des Zen, Bern/München 1992

Kegan, Robert: Die Entwicklungsstufen des Selbst, München 1986

Kolk, Sylvia (Hg.): Meditationstexte des Pali-Buddhismus III, Brahmavihara, Berlin 2008

Kornfield, Jack: Das Tor des Erwachens, München 2001

Kornfield, Jack: Frag den Buddha und geh den Weg des Herzens, München 1995

Kurtz, Ernest/Ketcham, Katharine: Die Spiritualität der Unvollkommenheit, Norderstedt 2006

Lassalle, Hugo M. Enomiya: Zen und Christliche Mystik, Freiburg 1966

Mahasi Sayadaw: Der Weg zum Nibbana, Berlin 2004

Meister Eckhart: Deutsche Predigten und Traktate, übersetzt von Josef Quint, Zürich 1979

Mettler-v. Meibom, Barbara: Wertschätzung – Wege zum Frieden mit der inneren und äußeren Natur, München 2006

Mettler-v. Meibom, Barbara: Gelebte Wertschätzung, München 2007

Millman, Dan: Erleuchteter Alltag, Bern/München/Wien 1998

Neri, Filippo: Die Lust, fromm zu sein, in: Zander, Hans Conrad: Die emanzipierte Nonne und andere Porträts von heiligen Individualisten, Stuttgart 1991

Newmann: Hasidic Anathology in: Kurtz, Ernest/Ketcham, Katharine: Die Spiritualität der Unvollkommenheit, Norderstedt 2006, Seite 167

Nisargadatta Maharaj: Ich bin, Bielefeld 1989

Ramana Maharshi: Sei, was du bist, Bern/München/Wien 1995

Ricard, Matthieu: Glück, München 2007

Rilke, Rainer Maria: Die Gedichte, Frankfurt/Main, 12. Aufl. 2001

Salzberg, Sharon: Ein Herz so weit wie die Welt, Freiamt 1999

Saß, Ekkehard: Auf stillem Pfad. Lieder von Mönchen und Nonnen des Buddho, München 2001

Sayadaw U Pandita: Im Augenblick liegt alles Leben, Bern/München/Wien 1999

Schmidbauer, Wolfgang: Hilflose Helfer: Über die seelische Problematik der helfenden Berufe, Reinbek 1977

Schmidbauer, Wolfgang: Helfersyndrom und Burnoutgefahr, Jena 2002

Schopenhauer, Arthur: Sämtliche Werke, 5 Bände, Frankfurt/Main 1986

Schweitzer, Albert: Die Lehre der Ehrfurcht vor dem Leben, 8. Auflage, Berlin 1988

Stutz, Pierre: Verwundet bin ich aufgehoben, München 2003

Trungpa, Chögyam: Die Erziehung des Herzens, Freiamt 2000

Trungpa, Chögyam: Die Insel des Jetzt im Strom der Zeit, Frankfurt/Main 1998

Trungpa, Chögyam: Spirituellen Materialismus durchschneiden, Zürich/München 1989

Udana, aus dem Palikanon übersetzt von Fritz Schäfer, Stammbach 1998

Visuddhi-Magga. Der Weg zur Reinheit, aus dem Pali übersetzt von Nyanatiloka, Uttenbühl 1997

Wetzel, Sylvia: Das Herz des Lotos. Frauen und Freiheit, Frankfurt/Main 1999

Wilber, Ken: Integrale Spiritualität, München 2007

Wir danken für die Abdruckrechte aus

Seite 16:
Gil Fronsdal & Nancy van House: Buddhismus im Westen, Arbor Verlag, Freiamt 2002, www.arbor-verlag.de

Seite 149:
Jack Kornfield & Christina Feldman: Geschichten des Herzens (neue erweiterte Ausgabe des Buches »Das strahlende Herz der erwachten Liebe«), Arbor Verlag, Freiamt 1991, www.arbor-verlag.de

Wir haben uns bemüht, alle Inhaber von Textrechten ausfindig zu machen. Sollten Rechteinhaber hier nicht aufgeführt sein, bitten wir diese, sich mit dem Verlag in Verbindung zu setzen.

Über die Autorin

Dr. phil. Sylvia Kolk ist buddhistische Meditationslehrerin, autorisiert von der Ehrwürdigen Ayya Khema. Seit 1996 lehrt sie Meditation und buddhistische Praxis und gründete 2004 in Hamburg das buddhistische Zentrum »Liebe – Kraft – Weisheit«. Sie hält Vorträge und Workshops in ganz Deutschland und in der Schweiz.

Weitere Informationen finden Sie unter:
www.sylvia-kolk.de